Hundesprache
richtig deuten & verstehen

> Autorin: Katharina Schlegl-Kofler | Fotos bekannter Tierfotografen

Inhalt

Sinneswelt der Hunde

- 6 Rudeltier mit ausgeprägten Sinnen
- 6 Der Geruchssinn
- 6 Tipp: Immer der Nase nach
- 7 Das Gehör
- 8 Das Sehvermögen
- 8 Tipp: Rassebedingte Unterschiede
- 8 Der Tastsinn
- 9 Der Geschmackssinn
- ➤ **10 Hunde im Porträt**
- ➤ **12 Special »Frage & Antwort«**
  Fragen rund um die Sinne

Wie Hunde uns verstehen lernen

- 36 Die Hundesprache lernen
- 37 Tipp: Sich fremden Hunden richtig nähern
- 40 Die Stimme richtig einsetzen
- 40 Der Ton macht's
- 41 Checkliste: Erziehungsregeln
- 42 Wie Hunde denken
- 42 Sie sind der Boss
- 43 Checkliste: Rangordnung festlegen
- ➤ **44 Special »Frage & Antwort«**
  Fragen rund um Verhalten und Erziehung

Hunde-Sprachprogramm

- 16 ABC der Körpersprache
- 17 Checkliste: Wenn Hunde streiten
- 20 Tabelle: Körpersprache und was dahinter steckt
- 22 Was willst Du mir sagen?
- 24 »Wau« in allen Variationen
- 25 Test: Kennen Sie die Hundesprache?
- 27 Checkliste: Lernprogramm für Menschen
- 28 Duftende Botschaften
- ➤ 30 **Verhaltensdolmetscher**
- ➤ 32 **Special »Frage & Antwort«**
  Fragen rund um Körper- und Lautsprache

Wie Hunde mit uns sprechen

- 48 Vertrauen und Angst
- 50 Deutliche Aufforderungen
- 50 Dominanter Hund?
- 51 Tipp: Sauberkeitsprobleme
- 52 Probleme erkennen und vermeiden
- 52 Richtig erziehen von Anfang an
- 52 Checkliste: Konfliktsignale
- 53 Schieflagen erkennen
- 55 Tabelle: Kommunikations-Pannen
- ➤ 56 **Special »Frage & Antwort«**
  Fragen rund um den Umgang mit Hunden

Anhang

- 58 Register
- 60 Adressen, Literatur
- 61 Autorin
- 61 GU Experten-Service
- 61 Impressum
- 62 Mein Hund – Steckbrief zum Ausfüllen
- ➤ 64 **Die 10 GU-Erfolgstipps**
  Versteh-Garantie für die Hundesprache

➤ GU Serviceseiten

Sinneswelt der Hunde

Rudeltier mit ausgeprägten Sinnen	**Seite 6–9**
Der Geschmackssinn	**Seite 9**
Hunde im Porträt	**Seite 10–11**
Special »Frage & Antwort«	**Seite 12–13**

Rudeltier mit ausgeprägten Sinnen

Unser Haushund ist wie sein Vorfahre, der Wolf, ein Rudeltier. Ein einzelner Wolf hat kaum Chancen auf Erfolg bei der Jagd. Deshalb ist das Zusammenleben in einem sozialen Verband eine wichtige Voraussetzung für das Überleben. Das allein reicht aber nicht. Um erfolgreich zu sein, kann nicht jeder machen, was er will. Jedes Rudelmitglied hat seinen Platz in der Hierarchie und muss bestimmte Regeln beachten, damit alle effizient zusammenarbeiten und -leben können. Sie müssen die Fähigkeit besitzen, sich rasch auf verschiedene Situationen einzustellen und sich entsprechend zu verständigen, um eine Beute erlegen oder sich bei Gefahr warnen zu können. Dabei hilft ihnen eine sehr differenzierte »Sprache«. Auch unser Haushund besitzt sie noch weitgehend und nutzt sie für die Kommunikation sowohl mit seinesgleichen, als auch mit uns Zweibeinern. Körpersprache, Stimme, Geruchsbotschaften und sehr feine Sinne bilden die Grundlagen dieser Sprache.

Der Geruchssinn

Hunde nehmen ihre Umwelt größtenteils über Gerüche wahr. Ihre Riechschleimhaut ist etwa 30 Mal so groß wie die des Menschen und besteht aus mehr als 40 Mal so vielen Riechzellen. Diese helfen ihnen dabei, feine Gerüche, sogar wenn sie von stärkeren überlagert werden, zu unterscheiden. Dies ist beispielsweise beim Verfolgen einer Fährte wichtig. Bei jedem Schritt werden Pflanzenteile zertreten und es entstehen Bodenverwundungen. Sofort beginnen Bakterien mit der Verarbeitung dieser Pflanzenteile. An dem dadurch entstehenden Geruch

> *Ein anderes Aussehen – aber viele Eigenschaften stammen noch vom Wolf.*

TIPP

Immer der Nase nach

Wir nutzen den Geruchssinn des Hundes auf vielerlei Weise. Jagdhunde helfen Jägern beim Finden von verletztem Wild. Rettungshunde suchen Verschüttete und Vermisste. Drogen- und Sprengstoffsuchhunde sind wichtige Helfer der Polizei. Hunde können Trüffeln suchen und Lecks in Ölpipelines aufspüren. Entsprechend ausgebildet wittern sie Ertrunkene im Wasser. Manche Hunde spüren offenbar, wenn ihr diabeteskranker Besitzer »unterzuckert« ist. Auch hier spielt möglicherweise der Geruchssinn eine Rolle.

Sinneswelt der Hunde
RUDELTIER MIT AUSGEPRÄGTEN SINNEN

orientiert sich der Hund, selbst wenn ein Fahrzeug diese Fährte gekreuzt oder es geregnet hat.

Er kann auch »erriechen«, ob hier z. B. sein vierbeiniger Freund aus der Nachbarschaft oder Wild unterwegs war. Unter günstigen Bedingungen ist ein gut ausgebildeter Hund in der Lage eine Spur, die schon mehrere Tage alt ist, noch sicher zu verfolgen. Der Vierbeiner nimmt jedoch noch mehr wahr. So hat jedes Lebewesen zwar seinen eigenen »Duft«, aber auch Essen, Hormone, Krankheit, Angst usw. beeinflussen den Eigengeruch. Deshalb beschnuppern Hunde sich gegenseitig und den Menschen intensiv und »lesen« Hinterlassenschaften von Artgenossen ausgiebig. Sie bekommen so viele Informationen über Menschen und Hunde. Auch der Geruch einer läufigen Hündin entgeht einem Rüden über mehrere Kilometer nicht. Nicht bei jedem Hund ist das Riechvermögen gleich gut ausgeprägt. Einerseits spielt hier die Genetik eine Rolle. Ein Spezialist für die Jagd wie etwa ein Schweißhund hat einen besseren Geruchssinn als ein reiner Begleithund, wie z. B. ein Kromfohrländer. Andererseits beeinflusst das Training z. B. die Arbeit auf einer künstlichen Fährte, den Geruchssinn. Was genau sich in der Geruchswelt der Hunde alles abspielt, können wir Menschen mangels dieser Fähigkeiten schwer nachvollziehen. Was wir selbst aber oft feststellen, ist das bisweilen unterschiedliche Geruchsempfinden von Mensch und Hund. Bei Gülle oder Parfum etwa gehen die Meinungen zwischen Hund und Mensch auseinander, bei einem leckeren, duftenden Braten jedoch sind sie sich einig.

> Viele interessante Informationen werden durch den Geruch übermittelt, daher »lesen« Hunde diese Botschaften ausgiebig.

Das Gehör

Auch hier ist uns der Hund haushoch überlegen. Nimmt der Mensch Geräusche im Bereich bis etwa 20.000 Hertz wahr, sind es beim Hund etwa 60.000 Hertz. Sehr tiefe Töne können Hunde nicht hören, dafür aber solche im Ultraschallbereich. Rasch muss er in der freien Natur erkennen, ob sich Freund, Feind oder Beute nähern. Deshalb hören Vierbeiner Geräusche früher als wir, können sie besser orten und sehr gut voneinander unterscheiden. Schon bevor wir überhaupt etwas hören,

7

erkennen sie so an Schritten, ob es sich um Bekannte oder Fremde handelt. Auch das Auto »ihrer« Menschen erkennen Vierbeiner schon von weitem. Der Hund registriert Geräusche aber nicht nur, wenn er wach ist, sondern auch, wenn er schläft. Liegt er eben noch schlafend auf seinem Bett, ist er z. B. sofort hellwach, wenn man seine Leine vom Haken nimmt.

> Wer bist du denn? Auch der Eigengeruch enthält Infos für Artgenossen.

Das Sehvermögen

Auch hier gibt es Unterschiede zwischen Mensch und Hund: Hunde sehen nachts und in der Dämmerung besser als wir. Ihre reflektierende Netzhaut wirkt wie eine Art Restlichtverstärker.
Im Nahbereich sehen die meisten Hunde weniger scharf als wir, haben aber dafür seitlich und nach hinten ein größeres Sichtfeld als wir Menschen. Dies ist in der Natur wichtig, damit Gefahren, aber auch Beutetiere frühzeitig ausgemacht werden können.
Besonders gut nehmen Hunde deshalb Bewegungen wahr. Dies können sie bis in eine Entfernung von etwa 1000 Meter. Scharf sehen sie jedoch nur bis zu einem Bereich von etwa 100 Metern. Je nach Rasse sieht jedoch ein Hund mit sehr rundem Kopf und nach vorn ausgerichteten Augen in der Nähe schärfer als ein Hund mit langem Schädel. Auf Sicht jagende Vierbeiner wie etwa viele Windhunde, nehmen dafür Bewegungen auch in größeren Entfernungen besonders gut wahr. Unsere Vierbeiner registrieren auch feinste Nuancen in unseren Bewegungen und in unserer Mimik. Deshalb ist unsere Körpersprache in der Verständigung mit dem Hund ausgesprochen wichtig (→ Seite 36–39). Im Kontakt von Hund zu Hund spielt die Fähigkeit feinste Signale zu erkennen ebenfalls eine große Rolle (→ Seite 16–20).

Der Tastsinn

Zum Ertasten dienen dem Hund Tasthaare. Sie befinden sich meist über den Augen, am Unterkiefer, an den Lefzen und den Wangen. Je nach

TIPP

Rassebedingte Unterschiede

➤ Windhunde jagten meist in offenem Gelände. Sie jagen deshalb überwiegend auf Sicht und reagieren stark auf sich bewegende Tiere.

➤ Schweißhunde können auch über lange Strecken die Fährte eines angeschossenen Tieres verfolgen.

➤ Hunde mit stark verkürztem Schädel (z. B. Mops, Pekingese) haben einen weniger ausgeprägten Geruchssinn.

➤ Hunde mit Stehohren haben meist ein besseres Hörvermögen, als Artgenossen mit Hängeohren.

Sinneswelt der Hunde
RUDELTIER MIT AUSGEPRÄGTEN SINNEN

› *Nicht alle Hunde können sich gleich gut verständigen. Extreme Körperformen wie überlange Hängeohren und stark hängende Lefzen erschweren die Übermittlung deutlicher mimischer Botschaften.*

Rasse sitzen sie oft nur an den Lefzen und den Augenbrauen. Sie helfen dem Hund, sich auch im Dunkeln besser zu orientieren. Allerdings spielen sie beim Hund keine so große Rolle und er ist hier der Katze weit unterlegen. Reize wie Berührungen, Schmerz, Kälte oder Wärme nimmt der Hund über Sinneskörperchen der Haut wahr. Sie leiten Empfindungen mittels Nerven an das Gehirn weiter. Ob ein Hund etwas als angenehm, unangenehm, schmerzhaft usw.

wahrnimmt, kann individuell verschieden sein. Es gibt sehr unempfindliche Hunde, wie auch ausgesprochen »wehleidige« Vierbeiner und vieles dazwischen.
Berührungen sind ein wichtiges Element in der Kommunikation sowohl zwischen Hunden (→ Seite 17), als auch zwischen Mensch und Hund (→ Seite 38).

Der Geschmackssinn
Wie der Mensch hat auch der Hund einen ausgeprägten Geschmackssinn. Allerdings

schmeckt ihm so manches, was uns die Nase rümpfen lässt und umgekehrt. Die meisten Hunde jedoch schätzen viele leckere Dinge aus unserem Speiseplan.
In manchen Bereichen schmecken Hunde vermutlich anders oder besser als wir. Gibt man etwa ein für uns geschmack- und geruchloses Medikament ins Futter, fressen so manche Vierbeiner sorgfältig drum herum oder »puhlen« es trotz »Tarnung« ganz gezielt, selbst aus einem leckeren Stück Streichwurst.

9

Hunde
im Porträt

Jeder Hund ist eine individuelle Persönlichkeit. Rassespezifische Eigenschaften und Aussehen sind gezielt gezüchtet. Oft ist dadurch die Verständigung eingeschränkt.

> Der **Greyhound** trägt seinen Schwanz, wie viele Windhunde, eingezogen zwischen den Beinen. Artgenossen signalisiert er so auf den ersten Blick Unsicherheit und Angst, ob er diese hat oder nicht.

> Der **Shar Pei** hat ein faltiges Gesicht und eine Schwanzhaltung, die Selbstbewusstsein signalisiert – dies kann zu Missverständnissen führen.

Siberian Huskys verständigen sich leicht: Stehohren, normales Gesicht und normale Schwanzhaltung.

Rhodesian Ridgeback: Die angezüchteten »gesträubten« Rückenhaare erschweren seine Kommunikation.

> Der **Briard** hat eingeschränkte Ausdrucksmöglichkeiten: Das lange Fell lässt sich nicht gut sträuben und die Augen sind verdeckt.

> Das Ringelschwänzchen und die Kippohren beim **Jack Russell Terrier** beeinträchtigen seine Verständigungsmöglichkeiten kaum.

> Eine starke Belefzung, ein verkürztes, faltenreiches Gesicht: Diese **English Bulldogg** kann sich mit Artgenossen nur schwer verständigen.

Fragen rund um die Sinne

? Meine Hündin Lady wälzt sich gerne auf toten Tieren. Was hat das für einen Grund?
Dies ist nicht endgültig geklärt. Am wahrscheinlichsten ist, dass dieses Verhalten ein Überbleibsel aus früheren Zeiten ist. Der Hund möchte dadurch seinen Eigengeruch überdecken. So können Beutetiere ihn nicht so leicht als Feind erkennen. Es kann aber auch sein, dass manchen Hunden ein bestimmter Geruch einfach gut gefällt und sie sich deshalb damit parfümieren. Wälzen sie sich auf Gegenständen wie ihrem Bett oder einem Spielzeug, wollen sie damit ihren eigenen Geruch auf diese übertragen. Manchmal wälzen sie sich auch einfach aus Wohlbehagen, wie z. B. im Schnee.

? Mein Rüde Cäsar ist unruhig, winselt oft und frisst nicht, ist aber sonst wohlauf. Gibt es eine Erklärung dafür?
Vermutlich hat er den Geruch einer läufigen Hündin in der Nase. In dieser Zeit hat er nur dies eine im Kopf und je nachdem, wie hoch sein Hormonspiegel ist, stresst ihn ein solcher Duft mehr oder weniger. Es fällt ihm sehr schwer, sich dann auf etwas anderes zu konzentrieren. Leidet Ihr Rüde häufig und sehr stark darunter, könnte eine Kastration ratsam sein.

? Warum klappern manche Rüden mit den Zähnen und »sabbern« wenn sie an einer Markierung schnuppern?
Auch hier spielen die Hormone eine Rolle. Die Duftmarke stammt von einer läufigen Hündin, die der »Männerwelt« durch bestimmte Duftstoffe im Urin Infos über ihren Zustand mitteilt. Sie nehmen diese Witterung besonders genüsslich und intensiv auf und lassen sich diesen Duft sozusagen auf der Zunge zergehen.

? Beim Spaziergang kommt es immer wieder vor, dass mein Hund Kot frisst. Warum tut er das?
Das ist noch nicht geklärt. Manche Hunde reizt so etwas

Der Weimaraner ist ein reiner Jagdgebrauchshund mit Schutzinstinkt.

Sinneswelt der Hunde
FRAGEN RUND UM DIE SINNE

überhaupt nicht, andere wiederum sind ganz heiß darauf. Bei jungen Hunden gibt es sich oft mit zunehmendem Alter von selbst. In manchen Fällen hilft es, dem Hund ab und zu stark riechenden Käse zu füttern. Gelegentlich kann es auch sein, dass dem Hund bestimmte Nährstoffe fehlen. Fragen Sie am besten Ihren Tierarzt danach.

? Mein Rüde Arno knurrt oder bellt manchmal abends ohne Grund. Warum tut er das?

Ist Ihr Hund wachsam, hat er wahrscheinlich von draußen irgendein Geräusch gehört. Z. B. eine Katze, die vorbeischleicht oder einen Menschen, der am Grundstück vorbeigeht. Da der Vierbeiner ja viel besser hört als wir Menschen (→ Seite 7), nimmt er Geräusche wahr, die wir nicht hören können. Dazu kommt noch, dass viele Hunde bei Dämmerung und Dunkelheit sowieso wachsamer sind als tagsüber und deshalb besonders sensibel auf Geräusche reagieren.

? Unser Hund beschnüffelt gelegentlich Besucher, auch an »unpassenden« Stellen, besonders intensiv. Warum tut er das?

Gegenseitig beschnüffeln sich Hunde bevorzugt im Anal- und Genitalbereich. Das tun sie also auch bei Menschen, weil deren menschliche Pheromone (spezielle Duftstoffe) für sie sehr interessant riechen. Außerdem beeinflussen auch Medikamente oder bestimmte Nahrungsmittel den Geruch eines Menschen, so dass Hunde an diesen Duftbotschaften besonders interessiert sind.

? Arbeiten die Sinne des Hundes sein ganzes Leben lang gleich gut?

Nein. Bei der Geburt ist der Welpe blind und taub. Er kann aber schon ein wenig riechen und Wärme und Kälte unterscheiden. Erst ab etwa Ende der zweiten Woche öffnen sich die Augen und beginnen nach und nach alle Sinne zu funktionieren. Im Alter nehmen diese Fähigkeiten dann wieder allmählich ab. Der Hund sieht schlechter, auch das Gehör ist nicht mehr so gut. Ruft man den alten Hund, merkt man, dass er häufig nicht mehr sofort orten kann, aus welcher Richtung der Ruf kam.

MEINE TIPPS FÜR SIE

Katharina Schlegl-Kofler

Rassespezifische Auslastung

Ausgeprägte Sinne findet man besonders bei Hunden, die für spezielle Aufgaben gezüchtet werden wie den Rassen für Jagd-, Hüte- oder Wachaufgaben. Sie sind oft voller Arbeitswillen und haben, je nach Rasse, viel Jagd- und Beuteinstinkt.

➤ Um ihre Energie in geordnete Bahnen zu lenken, brauchen sie echte Aufgaben, wie z. B. Fährtensuchen, Apportierausbildung oder Agility.

➤ Hat Ihr Hund Jagdpassion, gehen Sie aufmerksam spazieren und lenken Sie ihn sofort ab, wenn er die Nase in den Wind hält oder konzentriert am Boden schnüffelt.

➤ Vermeiden Sie, dass Ihr Vierbeiner Jogger, Radfahrer o. Ä. verfolgt. Rufen Sie ihn rechtzeitig zu sich und lenken Sie seine Aufmerksamkeit z. B. mit einem Häppchen auf Sie.

Hunde-Sprachprogramm

ABC der Körpersprache	Seite 16–20
»Wau« in allen Variationen	Seite 24–27
Verhaltensdolmetscher	Seite 30–31
Special »Frage & Antwort«	Seite 32–33

ABC der Körpersprache

Wenn Hunde mit Artgenossen oder Menschen kommunizieren, tun sie dies mit vielerlei Signalen. Einen hohen Stellenwert hat dabei die Körpersprache. Dazu kommen die Lautsprache sowie die Verständigung durch Berührungen und Gerüche. Übermittelt der Hund eine Botschaft, besteht diese nie aus nur einem Signal, sondern aus einer Kombination mehrerer Signale und bildet so einen Gesamtausdruck. Durch die Domestikation und Anpassung an das enge Zusammenleben mit dem Menschen ist die Körpersprache des Hundes im Vergleich zum Wolf allerdings nicht mehr so differenziert. Verhaltensforscher haben herausgefunden, dass der Wolf sich mit fast 60 Gesamtkörperausdrücken verständigen kann, es beim Deutschen Schäferhund dagegen nur noch etwa 16 sind. Relativ viele Ausdrücke zeigt mit 43 der Alaskan Malamute.

Um sich mitzuteilen, nutzt der Hund seine Körperhaltung, sein Fell, seine Mimik, die Ohren, den Schwanz und auch die Augen.

Die Körperhaltung

Mit seiner Körperhaltung in Kombination mit anderen Signalen drückt der Hund unterschiedliche Stimmungen aus. Ob er entspannt oder aufmerksam ist, ob er imponiert, droht, sich unterwirft oder Angst hat – der Hund hat hier sehr viele Möglichkeiten sich auszudrücken (→ Zeichnungen Seite 19).

Überlegenheit: Je angespannter der Hund ist, umso aufmerksamer und wachsamer ist er. Je steifer die Körperhaltung ist und je größer sich der Hund macht, umso

> **1 Entspannung**
> Beim langhaarigen Hund mit Schlappohren hängen die Ohren locker herunter, der Fang ist leicht geöffnet und die Zunge etwas zu sehen.

> **2 Offensives Drohen**
> Die Ohren sind leicht schräg nach vorn gerichtet, die Mundwinkel kurz, die Zähne etwas gefletscht und der Nasenrücken ist etwas gerunzelt.

> **3 Unterwürfigkeit**
> Die Ohren sind leicht zurückgelegt, die Mundwinkel etwas nach hinten gezogen, die Gesichtshaut ist glatt und der Fang bleibt geschlossen.

Hunde-Sprachprogramm
ABC DER KÖRPERSPRACHE

selbstbewusster und überlegener ist er. Die Beine werden durchgestreckt, der Kopf aufrecht gehalten. Die Bewegungen sind steif und langsam. Richtet der Hund seinen Körper und den Blick dabei starr auf sein Gegenüber, droht er diesem ernsthaft. Sind zudem noch die Rückenhaare gesträubt, ist es zum Angriff nicht mehr weit. Auch das Anrempeln oder Wegdrängen des anderen drückt Dominanz aus. Eine andere, wenn auch dezentere Geste der Dominanz ist es, wenn der überlegene Hund dem anderen den Kopf auf den Rücken legt.
Dreht ein Vierbeiner einem anderen dagegen seine Flanke zu, erkennt er den anderen als überlegen an, ist aber trotzdem selbstsicher.
Konfliktvermeidung durch Ignoranz: Will ein Hund seinen Artgenossen beschwichtigen und einen Konflikt vermeiden, gibt es mehrere Möglichkeiten. So kann er tun, als bemerke er die Dominanz- oder Drohgesten des anderen gar nicht. Er schaut konzentriert ganz woanders hin oder schnüffelt am Boden. Er unterwirft sich damit zwar nicht, will aber trotzdem

> »Dieser Knochen gehört mir« signalisiert der Retriever dem Welpen.

einer Auseinandersetzung aus dem Weg gehen.
Aktive Unterwerfung: Unterwirft sich ein Vierbeiner dagegen aktiv, ist die Körperhaltung geduckt, der Hund kriecht am Boden – er macht sich klein und möchte den anderen freundlich stimmen. Dabei schaut er nach oben, stößt den ranghöheren mit der Schnauze an oder versucht, ihm die Schnauze zu lecken. Manche Hunde stecken dabei das eigene Maul in die Schnauze des anderen Artgenossen (→ Foto Seite 27). Auch eine erhobene Vorder-

CHECKLISTE

Wenn Hunde streiten

Meist sind Geplänkel nur kurze Scheinkämpfe, die von selbst wieder enden. Manchmal kann es jedoch auch ernst werden.

✓ Greifen Sie nie dazwischen, die Hunde beißen oftmals zu.

✓ Beide Besitzer fassen ihre Hunde an den Hinterbeinen und ziehen sie auseinander.

✓ Werfen Sie über jeden Hund ein Kleidungsstück.

✓ Nehmen Sie ein Pfefferspray zur Hilfe.

✓ Spritzen Sie mit einem scharfen Strahl aus dem Wasserschlauch auf die Tiere.

Welche Maßnahme sinnvoll ist, müssen Sie je nach Situation entscheiden.

pfote ist hierbei ein Zeichen der Unterwerfung.
Passive Unterwerfung: Bei der so genannten passiven Unterwerfung oder starker Angst legt sich der Hund auf den Rücken, blickt zur Seite und zieht den Schwanz ein. Dieses Verhalten kann als Reaktion auf Droh- oder Imponierverhalten eines Artgenossen, aber auch dem Mensch gegenüber gezeigt werden.
Angst und Stress: Eine geduckte Körperhaltung kann auch Stress und Angst bedeuten (→ Foto Seite 48). Häufig hechelt der Hund dabei rasch. Der Hund richtet in diesem Fall seine Botschaft nicht an einen bestimmten Kommunikationspartner.

Die Ohren

Auch die Ohren haben eine wichtige Signalwirkung:
▶ Nach vorn gerichtete Ohren sind zunächst ein Zeichen von Aufmerksamkeit und einer gewissen Anspannung.
▶ Zeigen die Ohren stark nach vorn oder leicht schräg zur Seite, ist das ein deutliches Drohsignal.
▶ Werden sie dagegen flach zurückgelegt, signalisieren sie zunächst die Unterlegenheit des Hundes. Je nachdem, welche Signale er sonst noch zeigt, kann es eine beschwichtigende oder auch eine ängstlich-aggressive Botschaft sein.
▶ Eine insgesamt entspannte, freundliche Haltung mit zurückgelegten Ohren zeigt der Hund oft bei der freundlichen Kontaktaufnahme (→ Foto Seite 49).

Die Mimik

Beim entspannten Hund kann der Fang leicht geöffnet und die Zunge sichtbar sein, das Gesicht ist glatt. Zeigt der Hund aber die Zähne, ist das immer eine ernste Warnung. Ob er nun aus Angst oder offensiv droht, erkennt man an den Mundwinkeln. Beim offensiven Drohen sind die Mundwinkel kurz. Droht der Hund aus Angst oder Unsicherheit, sind die Mundwinkel dagegen schmal und nach hinten gezogen. Die Drohung ist umso massiver, je mehr man von den Zähnen und dem Zahnfleisch sehen kann und je weiter der Fang geöffnet wird. Mit zunehmender Drohintensität wird auch der Nasenrücken immer stärker

▶ *Ohren, Blick und Schwanz zeigen offensives Drohen, jedoch gemischt mit etwas Unsicherheit (Mundwinkel und Lecken).*

Hunde-Sprachprogramm
ABC DER KÖRPERSPRACHE

gerunzelt. In beiden Situationen kann es zum Zubeißen kommen.

Die Augen
Auch mit den Augen übermittelt der Hund Botschaften. So bedeutet direktes Anstarren eine deutliche Drohung. Die Augen sind dabei weit offen. Wendet der Hund seinen Blick ab, gilt das als Unterwerfungsgeste, kann aber auch Unsicherheit ausdrücken. Blinzeln dient ebenfalls der Beschwichtigung des Artgenossen. Kapituliert der Hund völlig, wie bei der passiven Unterwerfung (→ Seite 18), sind die Augen nur noch schmale Schlitze.

Der Schwanz
Der Schwanz ist ein sehr wichtiges Verständigungselement und muss immer im Zusammenhang mit anderen Signalen gesehen werden. So bedeutet z. B. Schwanzwedeln nicht immer, dass der Hund freundlich gesonnen ist (→ Meine Tipps für Sie, Seite 57). Grundsätzlich gilt, je höher der Schwanz getragen wird, umso selbstsicherer ist der Hund, je tiefer er ihn trägt, umso unterwürfiger oder auch ängstlicher ist er.

Aufmerksamkeit
Er hat etwas gehört, gesehen oder gewittert: Der Schwanz ist leicht angehoben, der Fang geschlossen, die Ohren sind nach vorn gerichtet und die Körperhaltung ist etwas angespannt.

Offensive Drohung
Dieser Vierbeiner droht offensiv und macht sich groß. Die Körperhaltung ist aufrecht, der Schwanz aufgerichtet. Die Rückenhaare sind gesträubt, die Ohren zeigen nach vorn, der Nasenrücken wird gerunzelt und die Zähne sind gefletscht.

Ängstliche Drohung
Dieser Vierbeiner droht aggressiv mit geduckter Körperhaltung, zurückgelegten Ohren, gesträubtem Rückenhaar. Der Schwanz ist eingezogen und die Zähne sind bei schmal nach hinten gezogenen Mundwinkeln gefletscht.

Unterwürfigkeit
Beschwichtigt ein Vierbeiner und zeigt sich unterwürfig, macht er sich klein. Die Beine sind eingeknickt, eine Pfote erhoben, die Ohren zurückgelegt, der Schwanz zeigt nach unten. Er leckt in Richtung des Kommunikationspartners.

Körpersprache und was dahinter steckt

Haltung des Hundes	Körperausdruck und Bedeutung
Entspannte Haltung	Der Schwanz ist in (rassetypischer) Grundhaltung, das Gesicht ist entspannt, der Fang ist eventuell leicht geöffnet, die Ohren sind leicht nach vorn gerichtet.
Aufmerksame Haltung	Der Schwanz ist etwas erhoben, der Fang ist jetzt geschlossen, die Ohren sind aufmerksam nach vorne gerichtet, die Körperhaltung ist insgesamt leicht angespannt.
Leichte Dominanz	Der Schwanz wird höher getragen, die Ohren sind nun deutlich nach vorn oder leicht seitlich gerichtet, die Rückenhaare sind leicht gesträubt, die Beine durchgestreckt, Bewegungen wirken insgesamt steif.
Offensive Aggression	Der Kopf und der Schwanz sind aufgerichtet, die Ohren sind deutlich nach vorn oder leicht seitlich gerichtet, die Beine sind durchgestreckt, die Rückenhaare gesträubt, Hund knurrt, die Zähne sind gefletscht bei kurzen, runden Mundwinkeln, Bewegungen wirken insgesamt steif.
Unterwürfigkeit	Die Ohren sind zurückgelegt, der Schwanz ist nach unten gerichtet, die Körperhaltung ist leicht geduckt. Der Kopf zeigt nach unten, Hund leckt eventuell in die Luft, die Mundwinkel sind etwas nach hinten gezogen.
Unsicherheit	Die Ohren sind stark zurückgelegt, der Schwanz eingeklemmt, die Rückenhaare sind gesträubt, geduckte Körperhaltung, schmale, stark nach hinten gezogene Mundwinkel.
Defensive Aggression	Der Schwanz ist eingeklemmt, geduckte Körperhaltung, die Ohren liegen eng am Kopf an, Rückenhaare sind gesträubt, gefletschte Zähne und Knurren bei lang gezogenen Mundwinkeln.
Angst/starker Stress	Geduckte Körperhaltung, der Schwanz ist unten oder eingeklemmt, rasche Atmung, eventuell Hecheln oder Zittern, Ohren sind zurückgelegt, die Mundwinkel nach hinten gezogen, Hund will aus Angst vor Geräuschen, unbekannten Gegenständen oder Situationen fliehen oder ausweichen.
Spielen	Bewegungen sind sehr intensiv, wirken überschießend, hopsend und teilweise auch tollpatschig. Elemente aus allen anderen Bereichen. »Drohungen« u. Ä. sind nicht ernst gemeint.
Wohlbefinden	Liegt schlafend auf dem Rücken, streckt sich nach einem Nickerchen genüsslich, schüttelt sich nach dem Aufwachen oder wälzt sich zum Spaß auf dem Boden.
»Lachen«	Manche Hunde zeigen bei der freudigen Begrüßung eines Menschen kurz die oberen Zähne. Dies hat nichts mit Drohverhalten zu tun, sondern ist freundlich gemeint.

Hunde-Sprachprogramm
HUNDESPIEL VERSTEHEN

Hundespiel verstehen

Als gesellige Tiere spielen Hunde gern und viel, vor allem wenn sie jung sind. Viele Hunde spielen ihr ganzes Leben ausgesprochen gern. Sie spielen sehr unterschiedlich und nicht alle spielen gleich gern. Manche spielen lautlos, andere sind dabei lauter, sie bellen und knurren auch. Nicht selten sieht das Spiel ziemlich rau aus, so dass mancher Hundebesitzer nicht mehr sicher ist, ob das Ganze nicht schon ernst geworden ist (→ Foto rechts).

Im Spiel zeigen Hunde Signale aus allen Bereichen ihres Verhaltens, jedoch oft ohne dass sie unbedingt zusammenpassen. So kann der Hund zwar ein »Drohgesicht« zeigen, aber alle anderen zum Drohen gehörenden Signale fehlen und er läuft hoppelnd und freudig wedelnd auf seinen Spielpartner zu. Spiele sind reich an Bewegungen und diese wirken oftmals übertrieben und hopsend.

Spielvarianten: Sehr beliebt sind Rennspiele, bei denen jeder mal Verfolger und Verfolgter ist. Aber auch spielerische Kämpfe stehen hoch im Kurs. Da wird gern mit dem Hinterteil angerempelt, die Hunde überfallen einander spielerisch oder der andere wird im Genick oder an den Beinen »gepackt«. Viele Vierbeiner balgen sich gern, wobei meist einer der beiden Hunde abwechselnd überlegen und unterlegen ist.

Spielaufforderung: Will ein Vierbeiner einen anderen zum Spiel auffordern, tut er das auf unterschiedliche Weise. Häufig zeigt er die so genannte Vorderkörpertiefstellung: Das Hinterteil wird in die Höhe gereckt und mit dem Vorderkörper ist der Hund auf dem Boden (→ Foto Seite 46/47). Aber auch plötzliches Hochspringen oder eine Schleuderbewegung mit dem Kopf sind typische Spielaufforderungen.

Spielen trainiert: Spielen ist für Hunde aber nicht nur Spaß, sie lernen dabei und trainieren ihren Organismus. Besonders für Welpen ist das Spielen mit Gleichaltrigen wichtig. Denn sie lernen dadurch, die Hundesprache zu verstehen und üben Verhaltensweisen aus allen möglichen Bereichen ein. Sie lernen auch, wie man sich anderen gegenüber benimmt. Beißt ein Welpe zu fest zu oder spielt er zu grob, wehrt sich der andere oder es will keiner mehr mit diesem frechen Welpen spielen. Oder sogar die Mutter greift z. B. mit einem Schnauz- oder Nackengriff (→ Foto Seite 14/15) ein.

Aus Spaß wird Ernst: Bei älteren Hunden kann es passieren, dass aus einem Spiel plötzlich Ernst wird. Das kann verschiedene Gründe haben. So kann es sein, dass einer der Hunde etwas missverstanden hat, die »Hundesprache« nicht erlernt hat oder sich plötzlich bedroht fühlt. In wenigen Fällen kann es sogar sein, dass einem Hund von Natur aus die Fähigkeit zu spielen fehlt.

> *Wenn Hunde miteinander spielen, geht es manchmal durchaus rau zu.*

Was willst du mir sagen?

Dass sich Hunde in ihrem Äußeren derart unterscheiden ist »menschengemacht«. Während sich Wölfe in Körperbau, Art des Fells, Gesicht, Form der Ohren und des Schwanzes gleichen, gibt es bei unseren Hunden weit über 300 Rassen. Diese sind das Ergebnis gezielter Züchtungen, mit denen der Mensch nach seinem Geschmack und seinen Bedürfnissen ein unterschiedliches Aussehen und unterschiedliche Eigenschaften geschaffen hat. Dadurch wurde die Fähigkeit zur Kommunikation bei vielen Hunden verändert oder sogar beeinträchtigt.

Kommunikation mit Hindernissen

Soll die Verständigung mit seinen Artgenossen klappen, muss der Hund sowohl selbst Botschaften übermitteln, als auch Signale anderer erkennen können. Dies ist jedoch nicht bei allen Rassen gleichermaßen möglich.

Fell: Hunde, deren Gesicht durch lange und viele Haare verdeckt ist, können hier durchaus Probleme haben. Ein zotteliges, langes Fell lässt sich zudem auch nicht sträuben (→ Foto links). Ein Rhodesian Ridgeback dagegen hat stets die Haare auf dem Rücken »gesträubt«, denn ihm wurde dort ein Streifen gegen den Strich verlaufendes Fell angezüchtet.

> Der Komondor hat nur geringe Möglichkeiten, sich zu verständigen. Jedoch dient ihm sein Fell als Schutz vor Angreifern.

Hunde-Sprachprogramm
WAS WILLST DU MIR SAGEN?

> Hundesprache lernen: Welpen sollten Hunde, die unterschiedlich aussehen, kennen lernen. So üben sie Kommunikation.

Ohren: Auch die Ohren machen manches komplizierter. Hunde mit Stehohren tun sich leicht bei der Verständigung. Schlappohrigen Hunden fällt es schon etwas schwerer, deutliche Signale zu senden. Je länger und schwerer die Ohren, um so weniger deutlich wird die Botschaft (→ Foto Seite 9).

Schnauze: Je stärker die Belefzung ist, um so schwieriger wird es für den Hund, deutliche Signale der Mundwinkel zustande zu bringen. Schwere, hängende Lefzen lassen sich nicht mehr deutlich zurückziehen oder verkürzen.

Gesicht: Auch ein Vierbeiner mit einem mehr oder weniger »eingedrückten Gesicht«, wie z. B. beim Deutschen Boxer, Mops (→ Foto Seite 8) oder Pekingese, kann im Vergleich zur normalen Schädelform nur noch wenig ausdrücken.

Schwanz: Er wurde ebenfalls durch Zucht oder operative Eingriffe verändert. Zum Glück dürfen Schwänze heute bis auf wenige Ausnahmen nicht mehr kupiert werden. Denn mit einem kupierten Schwanz oder angeborenem Stummelschwanz ist die Verständigung für Hunde fast unmöglich. Aber auch durch angezüchtete Schwanzhaltungen kommt es zu Problemen. Beim »normalen« Hund hängt der Schwanz in entspannter Haltung nach unten, wird aber nicht eingeklemmt. Viele Windhunde tragen ihren Schwanz dagegen im »Normalzustand« zwischen den Beinen (→ Foto Seite 10 links). Andere Rassen wiederum, wie etwa der Eurasier oder der Beagle tragen ihn erhoben. Nun ist aber nicht jeder Windhund unsicher oder unterwürfig und nicht jeder Beagle strotzt vor Selbstbewusstsein.

TIPP: Welpenspieltage

Um Verständigungsproblemen unter Vierbeinern vorzubeugen, ist es notwendig, dass der Hund von klein an möglichst viele Rassen kennen lernt, die unterschiedlich aussehen. Dazu eignen sich gut geführte Welpenspielgruppen. Eine solche Gruppe sollte aus sechs bis acht Welpen verschiedener Rassen und Mischungen bestehen. Die teilnehmenden Welpen sollten etwa zwischen neun und sechzehn Wochen alt sein und sich schon eine gute Woche bei ihren Familien eingelebt haben.

»Wau« in allen Variationen

Lautsprache

Zur Lautsprache des Hundes gehören Bellen, Knurren, Winseln, Jaulen und auch Heulen. Um sie richtig verstehen zu können, sollte man immer auch die dazu gezeigten Körpersignale und die jeweilige Situation beachten. Nicht alle Hunde sind gleichermaßen »gesprächig«. Das ist individuell verschieden und zum Teil rasseabhängig.

So neigen Hunde, die für Wachaufgaben gezüchtet wurden, z. B. mehr zum Bellen, als manche Jagdhundrassen, die möglichst ruhig sein müssen, um das Wild nicht zu vertreiben.

Bellen

Bellt der Hund, ist das grundsätzlich ein Zeichen der Erregung. Je schneller er bellt, um so aufgeregter ist er. Je tiefer das Bellen klingt, um so drohender ist es gemeint. Je nach Veranlagung bellen Vierbeiner auch bei Unsicherheit. Das können einzelne, aber auch mehrere Belllaute nacheinander sein.
Bellen kann auch als Spielaufforderung sowohl Artgenossen als auch Menschen gegenüber gemeint sein. Auch wenn sie auf sich oder etwas aufmerksam machen möchten, bellen Hunde. Manche werden z. B. regelrecht »gesprächig«, wenn die Zeit des Fütterns oder des Spaziergangs gekommen ist.
Am häufigsten bellen die meisten Hunde aus ihrem Wachinstinkt heraus, also wenn sie irgendetwas wahrgenommen haben, das sich ihrem Territorium nähert. Manche Hunde bellen auch vor Freude und Übermut, wenn sie jemanden begrüßen.

Knurren

Knurren ist immer ein Warnlaut. Sowohl bei offensiver, als auch bei angstaggressiver Drohung wird Knurren eingesetzt. Je tiefer es klingt, um

> *Die meisten Hunde heulen nicht. Manche werden durch verschiedene Reize animiert und tun es ihren Vorfahren gleich.*

Hunde-Sprachprogramm
»WAU« IN ALLEN VARIATIONEN

so selbstbewusster und dominanter ist der Vierbeiner. Knurren kann auch mit Bellen vermischt werden (→ Checkliste Seite 27).

Winseln

Damit kann der Hund sowohl Freude, als auch Stress, Aufregung, Ungeduld, Unbehagen, Langeweile, Einsamkeit oder Schmerz ausdrücken. Je jämmerlicher es sich anhört, um so »unwohler« ist dem Hund. Bei plötzlichen Schmerzen jault oder schreit er schrill auf.

Jaulen

Jaulen ist oft noch eine Verstärkung des Winselns. Bei Hunden, die z. B. das Alleinsein nicht gelernt haben, kann sich Winseln zu einem jämmerlichen und durchdringenden Jaulen steigern, wenn sie allein zu Hause sind.

Heulen

Heulen dient in erster Linie dem Zusammenhalt des Rudels. Im Gegensatz zum Wolf, der wiederum wenig bellt, heulen Hunde kaum. Lediglich Nordische Rassen heulen meist noch nach Art ihrer Vorfahren. Manche Hunde lassen sich jedoch durch verschiedene akustische Reize zum Heulen animieren. Zum Beispiel durch das Läuten der Kirchenglocke oder durch die Sirene eines Polizeiautos. Auch wenn sein Mensch nach Hundeart heult, animiert das so manchen Vierbeiner zum Mitheulen.

Andere Laute

Unsere Vierbeiner haben noch weitere Laute in ihrem Repertoire, mit denen sie sich verständlich machen wollen.

Schnauben: Manche Hunde schnauben bei der freudigen Begrüßung eines Menschen oder Artgenossen, den sie besonders gern mögen, vor Freude fast wie ein Pferd.

Seufzen: Viele seufzen regelrecht, etwa wenn sie sich nach einem langen Spaziergang wohlig müde auf ihrem Bett zusammenrollen. Diese Art

---

Kennen Sie die Hundesprache?

	Ja	Nein
1. Sie sitzen mit dem Hund auf Ihrem Sofa. Er drückt sich eng an Sie, legt den Kopf auf Ihren Arm und sieht Ihnen direkt in die Augen. Die Rangordnung ist unklar. Er möchte Sie vom Sofa drängen?	☐	☐
2. Zwei fremde Vierbeiner begegnen sich, umkreisen sich steifbeinig, wedeln aber leicht mit dem Schwanz. Mögen sich die beiden?	☐	☐
3. Während Ihrer Abwesenheit hat Ihr Hund einen Schuh zerbissen. Bei Ihrer Rückkehr sehen Sie es nun und schimpfen. Er duckt sich, senkt den Schwanz und legt die Ohren zurück. Weiß er nun genau, was er falsch gemacht hat und hat ein schlechtes Gewissen?	☐	☐
4. Ein Hund droht mit zurückgelegten Ohren, gesträubten Rückenhaaren, gefletschten Zähnen, der Schwanz hängt nach unten. Zeigt er damit dem Artgenossen gegenüber Dominanz?	☐	☐

Auswertung: Frage 1 Ja → Seiten 42–43, Frage 2 Nein → Seite 17, Frage 3 Nein → Seite 38, Frage 4 Nein → Seite 20.

Laut kann aber auch Frust bedeuten, beispielsweise dann, wenn ein Vierbeiner zum Spielen auffordert, aber keiner spielen will.

Grunzen: Hunde, die zur Begrüßung ihrer Menschen gern etwas im Maul halten, wie etwa viele Retriever, grunzen dabei oft ziemlich laut. Mancher Zweibeiner denkt sicherlich zunächst, dass der Hund knurrt. Anhand seiner Körpersprache lässt sich aber sehr gut erkennen, dass der Vierbeiner einem freundlich gesonnen ist (Tabelle → Seite 20).

Laute im Schlaf: Eine Vielzahl von Lauten kann man bei einem träumenden Hund hören. Da wird geknurrt, gewinselt und gebellt. Jedoch hören sich die Laute alle etwas gehemmt oder »erstickt« an. Dazu zucken oftmals Pfoten und Lefzen und die geschlossenen Augen rollen. Laute im Traum dienen allerdings nicht der Verständigung.

Verständigung durch Berührungen

Auch die Verständigung durch Berührungen spielt bei unseren Hunden, wie auch beim Wolf, eine wichtige Rolle. Zum einen, um das Zusammengehörigkeitsgefühl zu stärken, zum anderen aber auch bei der Begrüßung, beim Spielen und nicht zuletzt bei der Klärung der Rangordnung untereinander.

Zusammengehörigkeitsgefühl: Zu den Berührungen, die das Zusammengehörigkeitsgefühl von Vierbeinern untereinander stärken, gehören gegenseitiges Fellknabbern und Ablecken. Geleckt wird dabei hauptsächlich die Schnauzenpartie des anderen. Auch die Ohren lecken sich Hunde gern gegenseitig. Eine sehr bindungsfördernde Art der Berührung ist das sogenannte Kontaktliegen, bei dem die Partner eng aneinander gekuschelt schlafen oder dösen (→ Foto Seite 32). Ein leichter Griff über die Schnauze mit freundlichem Gesamtausdruck drückt ebenfalls die Zusammengehörigkeit aus. Wobei der Partner, der den Schnauzgriff ausführt, dabei dennoch der Überlegene bleibt.

Begrüßung: Hunde, die sich mögen, lecken sich zur Begrüßung besonders im Schnauzenbereich. Oftmals stecken sie sogar die eigene Schnauze in den Rachen des anderen (→ Foto Seite 27). Das sieht zwar sehr bedrohlich aus, dabei passiert den Vierbeinern aber nichts.

Spielen: Eine Reihe von Berührungen gibt es auch beim Spielen. Beliebt bei vielen Hunden ist das spielerische Anrempeln des anderen mit dem eigenen Hinterteil. Auch spielerisches Festhalten am Genick oder aufeinander »Herumkugeln« kann man besonders bei jungen Hunden oft beobachten.

Rangordnung: Auch bei der Klärung der Rangordnung werden Berührungen zur Verständigung eingesetzt. Zum

Selbstsicher begrüßt dieser Welpe einen erwachsenen Hund.

Hunde-Sprachprogramm
»WAU« IN ALLEN VARIATIONEN

Vertrauensvoll steckt der Husky seine Schnauze in die seines ranghöheren Artgenossen. Das fördert den Zusammenhalt.

Beispiel das Auflegen des Kopfes oder das Aufreiten. Auch das Wegdrängen und der Griff über die Schnauze gehören in diesen Bereich. Dieser kann je nach Situation länger oder kürzer dauern und mehr oder weniger kräftig ausgeführt werden. Der Ranghöhere knurrt dabei oft auch. Verletzt wird der Artgenosse dadurch aber nicht, auch wenn besonders Welpen dabei laut aufjaulen. Das dient der Beschwichtigung.

Zwischen Mensch und Hund: Berührungen spielen auch zwischen Mensch und Hund eine große Rolle (→ Seite 38). Es sind jedoch nicht alle Hunde gleich anschmiegsam. Ist die Rangordnung unklar oder der Hund sehr selbstbewusst, mögen Vierbeiner engen Körperkontakt oder Dominanz ausdrückende Berührungen, zu denen auch das Bürsten gehört, häufig nicht. Hunde, die wegen ihrer Veranlagung oder schlechten Erfahrungen keinen Bezug zu Menschen oder Angst vor ihnen haben, schätzen Berührungen häufig nicht, da sie sich dadurch bedroht fühlen.

CHECKLISTE

Lernprogramm für Menschen

Bellen
✓ »Da ist was, kommt her!«

Anhaltendes, tiefes Bellen
✓ »Ein Eindringling ist da!«

Einzelner Belllaut, aufmerksame Haltung
✓ »Was ist das?«

Einzelner Belllaut bei rein freundlicher Begrüßung
✓ »Hallo!«

Einzelner Belllaut mit gesträubten Rückenhaaren
✓ »Irgendwie bist du mir aber auch unheimlich.«

Einzelner Belllaut in höherer Tonlage
✓ »Ich will in den Garten!« oder »Gib mir etwas von deinem Essen.«

Tiefes Knurren mit Bellauten
✓ »Vorsicht! Lass mich in Ruhe, sonst kämpfe ich.«

Knurren in höherer Tonlage
✓ »Ich habe zwar Angst, werde mich aber, wenn es nötig ist verteidigen.«

Winseln
✓ »Mir ist langweilig.« oder »Mir geht es nicht gut.« oder »Toll, dich zu sehen.«

Jaulen
✓ »Ich bin so allein«.

Klagendes Jaulen
✓ »Aua, das tut weh!«

Wichtig: Beachten Sie stets auch die Körpersprache der Vierbeiner!

27

Duftende Botschaften

Leider ist das ein Bereich der Verständigung, in den wir Menschen mangels Fähigkeiten keinen ganz genauen Einblick haben.
Im Vergleich zu den anderen Bereichen der Hundesprache können unsere Vierbeiner durch Gerüche sowohl Informationen aufnehmen, wie auch hinterlassen, ohne dass ein direkter Kommunikationspartner präsent sein muss. Geruchsbotschaften entstehen zum großen Teil durch Urin und Kot.

Duftdrüsen

Bestimmte Duftdrüsen am Körper geben ebenfalls entsprechende Signale ab. Am bekanntesten sind die Analdrüsen in der Umgebung des Afters. Setzt der Hund Kot ab, entleeren sich auch diese Drüsen und geben so ihren Geruch ab. Manche Hunde haben noch wie der Wolf Duftdrüsen im Gesicht, deren Sekrete ebenfalls bestimmte Duftinfos übermitteln und bei der Begrüßung und beim Beschnüffeln des Gesichts »gelesen« werden. Zudem ist in der Nähe der Schwanzwurzel eine Duftdrüse. Gerüche enthalten für den Hund eine Vielzahl von Informationen etwa über das Geschlecht, den sozialen Rang, ob Welpe oder erwachsener Hund und ob der Vierbeiner Freund oder Feind ist.

Markieren

Das ausgiebige »Lesen« von Hinterlassenschaften kennt jeder Hundebesitzer. Mit Eintritt der Geschlechtsreife meist im Laufe des zweiten Lebenshalbjahres beginnen Hunde, gezielt Markierungen zu hinterlassen. Rüden beginnen beim Urinieren das Bein

> *Neugierig prüft der Rüde den Duft der Hündin. Wird sie etwa läufig?*

TIPP

Läufigkeit

Eine läufige Hündin sollten Sie, auch im eigenen Grundstück, stets gut im Auge behalten. An den empfängnisbereiten Tagen sucht die Hündin auch von sich aus einen Rüden. Um die Zahl der Verehrer vor der Haustüre in Grenzen zu halten, fahren Sie für Spaziergänge am besten ein Stück mit dem Auto. So vermeiden Sie eine direkte Duftspur zum eigenen Grundstück. Rüdenbesitzer mit einer läufigen Hündin in der Umgebung sollten ihren Hund ebenfalls gut beaufsichtigen, damit er nicht »ausbüxt«.

Hunde-Sprachprogramm
DUFTENDE BOTSCHAFTEN

> **1 Duftmarke setzen**
> Dieser selbstbewusste West-Highland-White-Terrier versucht sein Geschäft so weit oben am Baum wie möglich zu platzieren. So wird seine Duftbotschaft jedem Artgenossen auffallen und es kann keiner die Nachricht so leicht »überschreiben«. Möglichst viele Vierbeiner sollen dadurch erfahren, dass er hier war.

> **2 Duftmarke verteilen**
> Um das Ganze noch zu optimieren, verteilt er, nach Erledigung seines Geschäfts, die einzelnen Duftpartikel durch kräftiges Scharren möglichst weit in der Umgebung. Damit geht er sicher, dass auch wirklich keinem anderen Vierbeiner und auch keinem womöglich läufigen Hundemädchen seine Nachricht entgeht.

zu heben. Sie setzen den Urin auch nicht mehr auf einmal ab, wie es Welpen und Junghunde tun, sondern verteilen ihn in vielen kleinen Portionen auf ihrem Weg. Je selbstbewusster ein Rüde ist, um so stärker hebt er sein Bein, um so öfter markiert er und um so höher versucht er diese Markierungen zu platzieren. Also z. B. auf einem Baumstumpf oder Stein, da sie hier nicht mehr so leicht »überpinkelt« werden können. Hündinnen pinkeln in der Hocke, wobei auch hier manche ein Hinterbein heben.

Dies hat wieder etwas mit dem Selbstbewusstsein des Tieres zu tun. Beginnt die Läufigkeit, setzt auch die Hündin unterwegs mehrere Urinmarkierungen, damit möglichst viele potentielle Hochzeitskandidaten erfahren, dass sie noch zu haben ist (→ Tipp Seite 28). Der Urin riecht je nach Phase der Läufigkeit unterschiedlich. Kot- und Urinmarkierungen dienen auch der Orientierung. Hunde, die Knochen oder andere Dinge vergraben, setzen auf diese Stelle häufig zusätzlich noch eine Urinmarkierung, damit sie diese später leichter wiederfinden.

Scharren
Nach dem Setzen einer Duftmarke kann man häufig beobachten, dass der Hund ausgiebig mit den Hinter- und Vorderbeinen scharrt (→ Foto oben). Vermutlich deshalb, um Teile seiner Urinmarkierung in der Umgebung zu verteilen und um Artgenossen auf seine Markierung aufmerksam zu machen. Je ausgeprägter das Scharren, umso selbstbewusster der Vierbeiner.

Verhaltensdolmetscher
Hunde

Kennen Sie die Hundesprache? Hier erfahren Sie, was Ihr Vierbeiner mit seinem Verhalten ausdrücken möchte ❓ und wie Sie richtig darauf reagieren ➡.

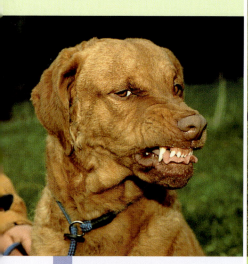

> Dieser Hund fletscht die Zähne und droht.
>
> ❓ Ernste Warnung, egal, ob die Drohung offensiv, defensiv oder wie hier, gemischt ist.
>
> ➡ Wenden Sie den Blick ab, vermeiden Sie hastige Bewegungen, entfernen Sie sich ruhig und langsam.

> Drei Bearded Collies beim gemeinsamen Ziehen am Spieltau.
>
> ❓ In dieser Situation kann es zu Beutestreitigkeiten kommen.
>
> ➡ Sind sich die Hunde fremd oder hat einer einen starken Beuteinstinkt, nehmen Sie das Spielzeug besser weg.

Hier wird ausgelassen, aber relativ rau gespielt.

❓ Hunde haben individuelle Spielstile. Manche spielen heftiger, ohne dass es ernst wird.

➡️ Haben beide Hunde ein intaktes Sozialverhalten, lassen Sie sie gewähren.

Die braune Hündin hat sich spielerisch unterworfen.

❓ Schwanz und Blick der Hündin zeigen, dass sie entspannt ist. Der helle Hund zeigt keinerlei Drohgebärden und wedelt ausladend.

➡️ Lassen Sie die Hunde ruhig weiterspielen.

Dieser angeleinte Deerhound gähnt.

❓ Vermutlich möchte er zu einem anderen Hund, muss aber sitzen bleiben. Gähnen ist hier ein Konfliktsignal.

➡️ Bestehen Sie darauf, dass er sitzen bleibt.

Dieser Hund senkt den Kopf und leckt sich die Schnauze.

❓ Etwas verunsichert ihn, z.B. ein unbekannter Mensch.

➡️ Lenken Sie ihn ab. Nähert sich ein Mensch, sollte dieser auf Distanz bleiben.

31

Fragen rund um Körper- und Lautsprache

? Mein Rüde Napoleon will beim Spaziergang ständig überall markieren. Soll ich das zulassen?
Nein. Er sollte grundsätzlich nicht markieren, wenn er gerade ein Kommando befolgt. Also nur, wenn er frei läuft. Ist Ihr Rüde Napoleon zudem sehr selbstbewusst, sollten Sie ihn auch dann nicht zu ausgeprägt markieren lassen.

? Darf mein Hund »Duftbotschaften« anderer so lange lesen, wie er will?
Läuft Ihr Hund frei, dann schon. Ist er angeleint, befolgt jedoch im Moment kein Kommando, können Sie ihn schnuppern lassen. Sie sollten sich aber von ihm an der Leine nicht »mitzerren« lassen und nicht unbedingt warten, bis er fertig geschnuppert hat. Gehen Sie weiter, sobald Sie das wollen. Befolgt Ihr Hund ein Kommando, muss er Duftmarken ignorieren.

? Ist es richtig, in einer Welpengruppe die Hunde immer alles unter sich ausmachen zu lassen?
Nein. In bestimmten Situationen muss der Spielgruppenleiter oder der Besitzer korrigieren. Zum Beispiel dann, wenn einer immer der Stärkere, und ein anderer meistens unterlegen ist oder ein Welpe von anderen »gemobbt« wird. Ansonsten lernt der Vierbeiner nicht, wie er sich unter seinesgleichen richtig zu verhalten hat.

? Warum legt sich mein Hund Argon »auf die Lauer«, wenn er einen Artgenossen kommen sieht?
Dieses sich möglichst platt hinlegen zeigen Hunde, die Artgenossen gegenüber etwas vorsichtig sind. Damit wollen sie unauffällig sein. Wenn er den Artgenossen als bekannten Spielpartner erkennt, wird er losrennen. Ist der andere ein selbstbewusster Hund, bleibt der vorsichtigere liegen oder dreht sich auf die Seite oder den Rücken, um sich zu unterwerfen. Erkennen zwei Hunde einander schon von weitem, kann

> Gemeinsames Kontaktliegen fördert das Zusammengehörigkeitsgefühl.

Hunde-Sprachprogramm
FRAGEN RUND UM KÖRPER- UND LAUTSPRACHE

es auch sein, dass sich beide »auf die Lauer« legen und warten, dass einer von beiden ein Rennspiel beginnt.

? Warum gebärden sich manche Hunde hinter dem Gartenzaun wie wild?
Hinter dem schützenden Zaun können sie so richtig »aufdrehen« ohne einen ernsten Kampf zu riskieren. Es kann jedoch zum einen oder anderen Biss in die Nase kommen. Lücken im Zaun oder seine geringe Höhe werden meist bewusst »übersehen« und nicht etwa dazu genutzt, ins Freie zu kommen, um sich auf den anderen zu stürzen. Hunde, die sich am Zaun zu zerfetzen drohen, gehen beim Spaziergang meist ohne Zwischenfälle aneinander vorbei.

? Warum bellt meine Hündin Lady so viel, hingegen die meiner Freundin relativ wenig?
Zum Teil hängt das mit der Rasse zusammen. Hunderassen, die für Wachaufgaben gezüchtet sind, müssen den Menschen alarmieren, wenn sie etwas Ungewöhnliches bemerken und sind deshalb meist insgesamt »gesprächi-

ger«. Im Gegensatz dazu ist es bei vielen Jagdhunderassen sehr wichtig, dass sie ruhig sind, da sie sonst das Wild verscheuchen würden. Sie können selbst auch bei Ihrem Vierbeiner eine Verstärkung des Bellens bewirken, indem Sie ihn z.B. durch Zuwendung belohnen.

? Ich möchte mir einen zweiten Hund anschaffen. Was muss ich beachten?
Um Problemen mit der Rangordnung vorzubeugen, sollte der zweite deutlich jünger als der erste und möglichst kein besonders selbstbewusster Typ sein. Den Ersthund sollten Sie als den Ranghöheren der beiden behandeln. Er wird zuerst gefüttert, darf vor dem Kleinen durch die Türe usw. Damit beide gehorchen, sollten Sie sich für beide Hunde einzeln viel Zeit nehmen. Zwei oder mehrere Hunde eines »Rudels« brauchen bei Spaziergängen viel Aufmerksamkeit des Besitzers, da sie als »Rudel« oft anders reagieren als ein Einzelhund. Ändert sich die Rangordnung der Hunde, sollten Sie das respektieren, »Oberboss« bleiben jedoch immer Sie.

MEINE TIPPS FÜR SIE

Katharina Schlegl-Kofler

Raufereien vermeiden

➤ Besuchen sich Hunde in ihren Territorien, sollten sie zuerst auf »neutralem Boden« Kontakt aufnehmen.

➤ Begegnen sich mehrere Hunde beim Spaziergang, sollten Sie Spielzeug und Leckerlis wegpacken.

➤ Begegnet Ihnen ein angeleinter Hund, leinen Sie auch Ihren Vierbeiner an.

➤ Begegnet Ihnen ein freilaufender, »unheimlicher« Hund, weichen Sie, wenn möglich, aus. Ansonsten den eigenen Hund besser ableinen und weitergehen.

➤ An der Leine sollte Ihr Hund zu Artgenossen keinen Kontakt aufnehmen.

➤ Umkreisen sich zwei Hunde in Imponierhaltung, bleiben Sie besser weg. Enge, Hektik oder Anschreien der Tiere können hier eine Rauferei auslösen.

➤ Unverträgliche Hunde sollten unterwegs einen Maulkorb tragen.

Wie Hunde uns verstehen lernen

Die Hundesprache lernen	Seite 36–39
Die Stimme richtig einsetzen	Seite 40–41
Wie Hunde denken	Seite 42–43
Special »Frage & Antwort«	Seite 44–45

Die Hundesprache lernen

Damit der Vierbeiner uns Menschen versteht, müssen wir uns in seiner Sprache mit ihm verständigen. Die Möglichkeiten dazu sind: Körpersprache, Körperkontakt und Stimme. Lediglich Gerüche können wir nicht bewusst einsetzen. Entsprechend setzen sich auch unsere Botschaften an ihn aus diesen Elementen zusammen. Achten Sie darauf, die jeweiligen Signale der Körpersprache, der Stimme und der Berührungen zueinander passend zu kombinieren, um Missverständnisse zu vermeiden.

Körpersprache und Berührungen

Soll die Verständigung mit Ihrem Vierbeiner klappen, muss er Sie als seinen Rudelführer, als seinen »Boss« akzeptieren. Treten Sie Ihrem Hund gegenüber stets sicher und souverän auf. Das vermittelt Ihrem Vierbeiner Sicherheit und er wird Sie als »Boss« ernst nehmen. Stehen Sie innerlich nicht ganz hinter dem, was Sie dem Hund vermitteln möchten oder sind Sie sich unsicher, wird der Vierbeiner das an feinen Nuancen in Ihrem Körperausdruck erkennen. Je nach Wesen nutzt er die Schwäche seines Menschen aus und ignoriert ihn, widersetzt sich oder wird selbst unsicher. Hier finden Sie einige Beispiele wann Sie Körpersprache und Berührungen gezielt einsetzen können. In Alltag und Training ergeben sich noch mehr Situationen, in denen Sie diese Elemente sinnvoll anwenden können.

Gehorsamsübungen:
➤ Bewegen Sie sich vom Hund weg, animiert ihn das, Ihnen nachzulaufen. Bewegungen auf den Hund zu hemmen ihn dagegen. (Ein fremder Hund kann dies aber als Bedrohung auffassen.) Will man, dass der Hund kommt, ist es deshalb sinnvoll, sich mit dem Rufen zügig von ihm zu entfernen. Bei Welpen und Junghunden wirkt es zusätzlich positiv, wenn man sich klein macht und den Hund in der Hocke

So nehmen Sie richtig Kontakt zu einem fremden Hund auf. Ist er freundlich und interessiert, können Sie ihn streicheln.

Wie Hunde uns verstehen lernen
DIE HUNDESPRACHE LERNEN

▶ Zügiges Gehen und eine motivierende Stimme vermitteln Sicherheit und animieren den Hund, aufmerksam mitzulaufen.

empfängt. Geht man jedoch ärgerlich auf ihn zu, kommt er, wenn überhaupt, nur zögernd oder weicht zurück.

▶ Angenommen, Sie haben Ihrem Hund beigebracht, in einigen Metern Entfernung an einer Stelle sitzen zu bleiben. Steht er nun unerlaubt auf und kommt auf Sie zu, können Sie ihn bremsen, indem Sie bestimmt und aufrecht auf ihn zugehen.

▶ Ein Vierbeiner schnüffelt beim Spaziergang intensiv an einer Duftmarke und will nicht weitergehen. Der Mensch steht am anderen Ende der straffen Leine und bittet den Hund immer wieder, endlich weiter zu gehen. Aber warum sollte er weitergehen, so lange der Mensch selbst nicht weitergeht?

Gehen Sie also entschlossen weiter und Ihr Hund wird Ihnen ebenfalls folgen.

▶ Ähnlich ist es mit dem Bei-Fuß-Laufen. Gibt man dem Hund zwar das Kommando, zögert selbst aber noch und wartet, ob der Hund mitgeht, wird dieser auch nicht losgehen. Blickt man jedoch in die Richtung, in die man gehen möchte und geht entschlossen los, folgt auch der Hund. Und damit er dabei aufmerksam ist, muss man engagiert gehen und »Pep« in die Übung bringen. Wer gelangweilt und bewegungsarm schleicht, darf sich nicht wundern, wenn sein Hund genauso desinteressiert nebenher trottet oder lieber am Boden schnüffelt.

▶ Achten Sie grundsätzlich darauf, ob Sie dem Hund Ruhe oder »Action« vermitteln möchten. So ist bei einem Hund, der sehr viel Temperament hat oder nervös ist, wichtig, sich nicht davon anstecken zu lassen, sondern bewusst ruhig mit ihm umzugehen. Bei einem ruhigen, phlegmatischen Vierbeiner hingegen ist es umgekehrt: Er braucht mehr Motivation.
Wichtig: Ruhe und Aktion stets wohl dosieren und über-

> **TIPP**
>
> ### Sich fremden Hunden richtig nähern
> ▶ Vermeiden Sie direkten Blickkontakt.
> ▶ Gehen Sie langsam und nicht direkt auf den Hund zu.
> ▶ Sprechen Sie ihn mit ruhiger, freundlicher Stimme an.
> ▶ Nennen Sie ihn, wenn möglich, bei seinem Namen.
> ▶ Ist der Hund freundlich, lassen Sie ihn Ihre Hand beschnuppern.
> ▶ Geben Sie dem Hund kein Leckerchen, ohne vorher den Besitzer zu fragen.
> ▶ Hat er kein Interesse, knurrt er und/oder zeigt er Angst, sollten Sie ihn in Ruhe lassen.

legt anwenden. Soll der Hund z. B. ruhig liegen oder sitzen bleiben, sollten Sie durch wenig und ruhige Bewegungen viel Ruhe ausstrahlen. Soll er sich bewegen oder möchten Sie ihn auf sich aufmerksam machen, bringen Sie wieder etwas »Action« in die Übung.

Durch Körpersprache lenken: Auch richtungsweisende Signale kann ein Vierbeiner schnell lernen:

▶ *Richtig aneinander gewöhnt können Kind und Hund Freunde werden.*

▶ Hunde, die gerne Bällen hinterherlaufen, erkennen beispielsweise schon an der Körperhaltung des Werfers oftmals sehr genau, in welche Richtung der Ball nun fliegen wird.

▶ Richtet man Blick und Körper in eine bestimmte Richtung, wird sich der Hund dorthin orientieren. Je nach Ausbildung lernt er auch richtungsweisende Signale mit den Armen zu verstehen und in die jeweilige Richtung zu laufen. Das müssen beispielsweise manche Sport- und Jagdhunde lernen.

Mimik: Sie wird von Hunden ähnlich wie von Menschen interpretiert.

▶ Starren Sie einen Vierbeiner mit großen Augen und ernstem Gesichtsausdruck an, wird er dies nicht gerade freundlich aufnehmen.

▶ Auch das Abwenden des Blickes bedeutet bei uns Menschen Unsicherheit oder »Unterordnung«.

▶ Man kann seinen Hund freundlich, neutral anschauen, indem man eine kleine Zwiesprache mit ihm hält.

▶ Man kann aber auch Spannung in den Blick (mit Augen und Augenbrauen) bringen: Beispielsweise bevor man sich zum Spaziergang fertig macht. Es signalisiert dem Hund: »Aha, jetzt wird`s interessant!« und er achtet auf seinen Menschen. Denn nur, wenn Ihr Hund sich auf Sie konzentriert, nimmt er wahr, was Sie von ihm wollen.

▶ Muss der Vierbeiner zurechtgewiesen werden, sollte man dies auch durch einen strengen Gesichtsausdruck unterstreichen.

Berührungen: Dazu gehört im positiven Sinn das Streicheln oder das Kontaktliegen,

TIPP

Lob und Tadel

▶ Beides verbindet der Hund mit dem zuletzt gezeigten Verhalten.

▶ Für effektives Lernen wird unmittelbar nach dem Verhalten bzw. noch währenddessen gelobt oder getadelt.

▶ Als Lob eignen sich z.B. Belohnungshappen, Streicheln oder Spielen. Unerwünschtes Verhalten kann z.B. durch den Schnauzgriff, einen strengen Tonfall oder »Strafe aus heiterem Himmel« beeinflusst werden (z. B. fällt beim Versuch vom Tisch zu klauen ein »präparierter« Topfdeckel scheppernd zu Boden).

Wie Hunde uns verstehen lernen
DIE HUNDESPRACHE LERNEN

➤ So nicht! Frauchen lässt sich vom Hund zu einer Duftmarke zerren und wartet, bis er fertig geschnüffelt hat. So lernt er, dass man durch genügend starkes Zerren sein Ziel erreicht.

aber auch Disziplinierungsmaßnahmen wie ein Griff ins Nackenfell (ohne Schütteln) oder der Schnauzgriff.

➤ Ruhiges, entspanntes Streicheln am Körper und auch am Kopf durch ihre Bezugspersonen mögen die meisten Hunde sehr gern und es vermittelt ihnen außerdem Sicherheit. Auch das Kraulen des Bauches und der Ohren steht bei vielen Hunden hoch im Kurs. Hat der Vierbeiner etwas gut gemacht, ist Streicheln auch eine wichtige Form des Lobes.

➤ Kontaktliegen mögen besonders Welpen sehr gerne.

Aber auch viele erwachsene Hunde lieben Körperkontakt. Gemeinsames Kuscheln nach Spiel, Spaziergang oder Training stärkt die Bindung zwischen Zwei- und Vierbeiner und kann auch für den Mensch durchaus entspannend sein.

➤ Positiv auf die Bindung wirkt sich auch das Bürsten aus. Deshalb sollten selbst »pflegeleichte« Hunde regelmäßig gebürstet werden.

Andere Signale: Hunde beobachten uns sehr genau und lernen dadurch von selbst, bestimmte Situationen mit etwas zu verknüpfen. So lernt der Vierbeiner rasch, dass ein gemeinsamer Ausflug ansteht, wenn Frauchen eine ganz bestimmte Jacke oder bestimmte Schuhe anzieht. Beschäftigt man sich mit dem Hund beispielsweise nach getaner Arbeit am Computer und hat er das schon einige Male erlebt, wird er bald schon freudig angelaufen kommen, wenn er das Abschalten des Gerätes hört. Das sind nur zwei Beispiele. Sicher bemerken Sie noch andere Situationen, in denen Ihr Vierbeiner auf feine Signale, die Sie unbewusst geben, von selbst reagiert.

39

Die Stimme richtig einsetzen

Die Stimme ist ein sehr wertvolles Verständigungselement zwischen Mensch und Hund. Setzen Sie Ihre Stimme jedoch nur gezielt, passend zur Körpersprache und nicht verschwenderisch ein.

> Mensch und Hund als Team – mit dem richtigen Verständnis kein Problem!

Der Hund versteht zwar nicht den Sinn der Wörter, kann aber dem Tonfall und dem Klang Ihrer Stimme einiges entnehmen. Deshalb hilft es auch nichts, dem Hund etwas zu erklären oder ihm einen Vortrag zu halten, warum er z. B. den Teppich nicht anknabbern darf. Da er solche Redeschwälle nicht verstehen kann, wird die Stimme für ihn immer uninteressanter.

Der Name

Hundenamen sollten nicht zu lang sein. Wollen Sie Ihren Hund an seinen Namen gewöhnen, sagen Sie ihn freundlich oder etwas spannend und verbinden ihn stets mit etwas Positivem. Also beispielsweise mit einem Leckerchen, mit Streicheleinheiten oder einem Spiel. Damit Ihr Hund aufmerksam reagiert, wenn Sie ihn beim Namen nennen, sollten Sie Ihren Vierbeiner möglichst nicht ohne Grund und nicht in Zusammenhang mit etwas Negativem ansprechen.

Der Klang

Wie schon erwähnt, kann der Hund nicht den Sinn eines Wortes erfassen. Aber er kann einzelne Wörter am Klang unterscheiden. Deshalb ist es auch gleichgültig, ob Sie dem Hund z. B. beibringen, sich auf das Hörzeichen »Sitz« oder »Orange« zu setzen. Hörzeichen sollten möglichst kurz und prägnant sein und sich deutlich voneinander unterscheiden. Nennt man Sie ohne »Begleittext« und betont man sie dazu noch gezielt, dann fällt es dem Vierbeiner leicht, präzise darauf zu reagieren.

Erwartet der Hund allerdings etwas Bestimmtes, verstärkt sich seine Erwartungshaltung, wenn er dann auch noch ein Wort hört, das er damit in Verbindung bringt. Angenommen er kennt im Zusammenhang mit seiner Mahlzeit z. B. »Fressi« und sitzt schon eine Stunde vor der Zeit mit »Hypnoseblick« vor Ihnen. Sagen Sie nun »Es gibt noch kein Fressi«, wird der Hund nicht wissen, dass es noch nichts gibt, sondern im Gegenteil noch erwartungsvoller hoffen.

Der Ton macht's

Durch unterschiedlichen Tonfall kann man dem Hund

Wie Hunde uns verstehen lernen
DIE STIMME RICHTIG EINSETZEN

Vieles vermitteln: Freude, Ernst, Tadel, Ruhe oder auch »Action« und Spannung. Der Tonfall sollte aber immer zur jeweiligen Situation passen. Sagen Sie ein Hörzeichen stets in einem zwar freundlichen, aber verbindlichen Ton. Je nach Übung kann man entweder Ruhe oder Bewegung vermitteln:

➤ Soll der Hund ruhig neben Ihnen sitzen oder gar in einiger Entfernung von Ihnen an einer bestimmten Stelle liegen bleiben, braucht man dabei keine Spannung oder Motivation in die Stimme legen. Hier ist, besonders auch für das Loben, ein sehr ruhiger Tonfall wichtig. Andernfalls fällt es dem Hund schwer, ruhig und entspannt an einer Stelle zu bleiben.

➤ Möchten Sie jedoch, dass Ihr freilaufender Hund zu Ihnen kommt, obwohl er vielleicht hundert Meter entfernt einen Spielkameraden gesehen hat, dann rufen Sie ihn sehr motivierend und mit einer spannenden, interessanten Stimme. Und schon während er, hoffentlich freudig und rasch, auf sie zuläuft, loben Sie ihn sehr überschwänglich und mit höherer Stimme (→ Foto oben).

➤ *Eine freundliche Körpersprache animiert den Hund zu kommen.*

➤ Tadeln sollten Sie mit einem knurrigen »Nein!« oder »Pfui!« in tieferer Stimmlage und der passenden Mimik – einem strengen Gesicht.

Die Lautstärke

Hunde haben ein sehr gutes Gehör, deshalb ist es meist unnötig, im Umgang mit ihnen laut zu werden. Sprechen Sie Ihren Vierbeiner relativ leise oder in ganz normaler Lautstärke an. Sie werden staunen, wie gut er auf den richtigen Tonfall und den Klang Ihrer Stimme in geringerer Lautstärke reagiert.

CHECKLISTE

Erziehungsregeln

✓ Alle Regeln für den Hund müssen in der Familie einheitlich gelten.

✓ Vermeiden Sie durch vorausschauendes Denken unerwünschte Erfolgserlebnisse des Hundes.

✓ Bringen Sie Neues immer über positive Motivation und ohne Zwang bei (→ Foto oben).

✓ Bleiben Sie dabei immer konsequent, beständig und gerecht.

✓ Setzen Sie Stimme und Körpersprache gezielt ein.

✓ Spielen Sie etwa einmal täglich mit Ihrem Vierbeiner.

✓ Er sollte geistig und körperlich ausgelastet sein.

Wie Hunde denken

Um sich effektiv mit dem Hund zu verständigen, ist es nützlich, bestimmte »Basics« über ihn zu wissen. Aufgrund seiner Abstammung vom Wolf ist der Hund ein Rudeltier. Er benötigt einen sozialen Verband, dem ein Rudelführer vorsteht. Sich nach diesem zu richten, gibt dem Hund Sicherheit. Da der Rudelführer in freier Wildbahn das Überleben der Gemeinschaft sichert, richten sich die Rudelmitglieder bereitwillig nach ihm.

Sie sind der Boss

Damit der Hund seinen Menschen, also Sie als »Boss« anerkennt, müssen Sie sich in etwa wie ein »Leitwolf« verhalten. Dazu gehört, dass Sie auf bestimmten Privilegien bestehen, wie etwa der Alleinnutzung erhöhter »Aussichtsplätze« (z. B. Bett und Sofa). Merkmal eines Rudelführers ist es auch, dass Aktivitäten in erster Linie von ihm ausgehen und sein Hund darauf reagiert. Also muss der Hund sich nach seinem Mensch richten, nicht umgekehrt. Ansonsten kann es viele Probleme im Zusammenleben geben. Das bedeutet, dass überwiegend Sie die Initiative, wozu auch immer, ergreifen (→ Checkliste Seite 43):
➤ Sie fordern Ihren Hund zum Spiel auf oder streicheln und knuddeln ihn, wenn Sie das wollen.
➤ Sie lassen ihn mit einem anderen Hund spielen, wenn Sie das wollen und nicht dann, wenn Ihr Vierbeiner es von Ihnen fordert.
➤ Auch sollten Sie stets zuerst durch eine Tür gehen, nicht der Hund.
➤ Den Fütterungszeitpunkt bestimmen ebenfalls Sie. Deshalb sollte der Hund keinen Napf zur Selbstbedienung haben, aus dem er den ganzen Tag nach Lust und Laune fressen kann.

Dies sind nur einige Beispiele, es gibt jedoch im Alltag zahlreiche Situationen, in denen Sie darauf achten sollten, dass der Vierbeiner sich nach Ihnen richtet. Häufig ist es, meist unbewusst, umgekehrt. Je selbstbewusster der Hund, umso konsequenter sollten Sie auf die Einhaltung der Rangordnung achten. Keine Angst, Ihr Hund mag Sie trotzdem! Ziel sollte es deshalb sein, dass Sie mit Ihrem Hund ein Team bilden, in dem der Vierbeiner Sie als vertrauensvollen, fairen und übergeordneten Partner erlebt. Einem solchen Partner wird er freudig gehorchen und gerne mit ihm zusam-

➤ Engstellen wie z.B. Türen, sollte der Mensch vor dem Hund passieren.

Wie Hunde uns verstehen lernen
WIE HUNDE DENKEN

> Bei sehr selbstbewussten Hunden sollten erhöhte Liegeplätze dem zweibeinigen Rudelführer vorbehalten bleiben.

men sein (→ Checkliste Rangordnung festlegen).

Verhalten lenken

Da Verständigungselemente wie Mimik, Berührungen und Körpersprache für die Erziehung sehr wertvoll sind, sollten Sie darauf achten, sie richtig einzusetzen. Bedenken Sie, dass der Hund ein Verhalten, das positiv, also durch Streicheln, Leckerchen, Blickkontakt, Spiel oder Ähnliches von Ihnen bestärkt wird, gern wieder zeigen wird. Ähnlich verhält es sich mit negativen Einwirkungen oder Nichtbeachten des Hundes. Lohnt sich ein Verhalten für ihn nicht, weil er damit nichts erreicht oder etwas Negatives verbindet, wird er es irgendwann nicht mehr zeigen. Lob und Tadel müssen immer unmittelbar auf das entsprechende Verhalten erfolgen.

Wichtig: Achten Sie im Umgang mit dem Hund darauf, dass Sie ihn nicht unbewusst für etwas loben, was er eigentlich gar nicht tun soll. Andererseits darf er auch nicht unbewusst falsch zurechtgewiesen werden. (→ Tabelle Seite 55).

CHECKLISTE

Rangordnung festlegen

✔ Haben Sie dabei kein schlechtes Gewissen, der Hund schätzt Sie als Rudelführer nicht weniger, sondern mehr.

✔ Strahlen Sie Ihrem Hund gegenüber innere Autorität und Souveränität aus. Sie sind der Boss!

✔ Festigen Sie Ihre Bindung zum Vierbeiner durch gezielte Beschäftigung und ausreichend Körperkontakt.

✔ Beenden Sie Aktionen wie Streicheln, Spielen, Üben etc., bevor es der Hund tut.

✔ Ihr Hund sollte möglichst selten erfolgreich etwas von Ihnen fordern.

✔ Füttern Sie den Hund nicht unmittelbar bevor Sie essen, sondern danach.

✔ Der Vierbeiner sollte sein Futter nicht den ganzen Tag zur Verfügung haben.

✔ Erhöhte Liegeplätze sollten für ihn tabu sein.

✔ Der Hund sollte sich Leckerchen und Ähnliches immer »erarbeiten« müssen.

✔ Passieren Sie Engstellen, wie z. B. eine Türe, indem Sie zuerst durchgehen und dann der Hund.

✔ Trainieren Sie mit dem Vierbeiner regelmäßig Gehorsamsübungen.

Fragen rund um Verhalten und Erziehung

? Ist es möglich, dass Hunde ein »schlechtes Gewissen« haben?

Nein. Angenommen, Sie rufen Ihren Hund. Dieser rennt jedoch ins Wasser, anstatt zu kommen. Daraufhin laufen Sie zum Wasser und schimpfen ihn. Nun zeigt er sein »schlechtes Gewissen«. Damit reagiert er verunsichert und unterwürfig auf die ärgerliche Stimme der Schimpftirade (von der er sowieso nichts versteht). Diese verbindet er jedoch nicht mit seinem unerlaubten Rennen ins Wasser, da es für ihn schon wieder zu weit zurückliegt.

? Wie kann ich meiner Hündin Bella abgewöhnen, immer wieder Besuch anzuspringen?

Damit will Sie Aufmerksamkeit. Deshalb ist es wirkungsvoll, ihr in dieser Situation die Aufmerksamkeit zu entziehen. Am besten indem man sich kommentarlos von ihr abwendet. Und zwar so lange, bis sie das Anspringen aufhört. Bei fremden Personen nehmen Sie Ihre Hündin rechtzeitig an die Leine, um die Situation zu vermeiden. Eine andere Möglichkeit ist, ein Alternativverhalten des Hundes zu belohnen. Will er springen, sagen Sie z. B. das Kommando »Sitz« und loben ihn dafür.

? Manchmal habe ich den Eindruck, mein Rüde Poldi versteht jedes Wort. Ist das tatsächlich möglich?

Ihr Hund versteht nicht den Sinn der Wörter, kann aber sehr gut bestimmte Äußerungen mit entsprechenden Situationen oder Stimmungen verknüpfen. Machen Sie sich zum Spaziergang fertig und rufen Ihrem Mann vorher zu: »Ich gehe jetzt mit dem Hund«, wird Ihr Vierbeiner den Klang dieser Wortfolge mit dem anschließenden Ausflug verknüpfen und mit der Zeit darauf reagieren.

? Mein Rüde Wotan reagiert auf manche Situationen oder Menschen etwas vorsichtig, auf andere wieder sehr freudig und neugierig.

Manieren gefragt. Kleidung und Körperteile sind für Welpenzähne tabu.

Wie Hunde uns verstehen lernen
FRAGEN RUND UM VERHALTEN UND ERZIEHUNG

Kann ich sein Verhalten irgendwie beeinflussen?
Ja. Erkundet Ihr Hund etwas sehr freudig und neugierig, sagen Sie währenddessen zu ihm eine bestimmte Wortfolge in einem sehr freundlichen, interessierten, lobenden Tonfall (nicht spannend!) z. B. »Ja fein, was ist denn das.« Kombinieren Sie Stimme und Situation eine Zeit lang auf diese Weise, versetzen Sie ihn in eine Situation, in der er leicht vorsichtig ist, mit diesem Hörzeichen in eine positive Stimmung.

Meine Hündin Trixie interessiert sich nicht besonders für mich. Woran kann das liegen?
Prüfen Sie, ob sie vielleicht mit Zuwendung überhäuft wird. Wird mit dem Hund oft geredet oder er ständig gestreichelt, sind Zuwendungen nichts Besonderes mehr für ihn. Vielleicht sind sie ihm sogar manchmal lästig. Sie werden für den Hund uninteressant. Achten Sie bewusst darauf, den Hund auch einmal nicht zu beachten. Gehen Sie im Alltag immer wieder mal an ihm vorbei, ohne irgendwie Kontakt aufzunehmen. Andererseits sollten Sie sich ganz gezielt mit ihm beschäftigen, indem Sie den Spaziergang interessant gestalten. Nehmen Sie etwa einen Ball o. Ä. mit, animieren Sie den Hund, über einen Baumstamm zu springen oder zu balancieren usw. Sprechen Sie ihn nur dann an, wenn Sie etwas mit ihm tun. Fordern Sie ihn bewusst und nicht x-mal am Tag zum Spielen und zum Körperkontakt auf. Weniger ist oft mehr.

Wie kann ich bei meinem Hund Flocke das Betteln am Tisch vermeiden?
Erlauben Sie Ihrem Vierbeiner von Anfang an nicht, sich in Höhe der Tischplatte aufzuhalten. Nehmen Sie schon den Welpen nicht auf den Schoß, wenn Sie am Tisch sitzen. Füttern Sie ihn nie vom Tisch, das würde ihn bestärken. Ignorieren Sie sein Betteln eisern, bis er sich abwendet. Ist er sehr groß oder zu renitent, bringen Sie ihn während des Essens in eine Hundebox oder binden ihn mit Abstand zum Tisch fest. Kann er es schon, legen Sie ihn während des Essens einige Meter entfernt ins Platz. Vergessen Sie nicht, das Kommando wieder aufzuheben.

MEINE TIPPS FÜR SIE

Katharina Schlegl-Kofler

Bedrohliche Signale für Hunde

Folgende Signale können Hunde aus Angst, Schutzinstinkt oder bei unklarer Rangordnung als Bedrohung auffassen:

- Sich über den Hund beugen.
- Von oben über den Kopf streicheln.
- Mit lauter Stimme oder direkt auf ihn zulaufen.
- Hektische Bewegungen und erhobene Arme.
- Zu stürmisches Begrüßen seines Besitzers z. B. durch Umarmen oder einen Klaps auf die Schulter.
- Direktes Fixieren des Hundes durch Blickkontakt.
- Direkt vor ihm in die Hocke gehen.
- Sich dem Hund von hinten nähern und ihn berühren.
- Körperliches Disziplinieren wie z. B. auf den Rücken legen (»Alphawurf«).

Wichtig: Besonders ängstliche Hunde fühlen sich evtl. auch durch weniger deutliche Signale bedroht.

45

Wie Hunde mit uns sprechen

Vertrauen und Angst	Seite 48–49
Deutliche Aufforderungen	Seite 50–51
Probleme erkennen und vermeiden	Seite 52–55
Special »Frage & Antwort«	Seite 56–57

Vertrauen und Angst

»Ich gehöre zu dir«

Hat der Hund ein vertrauensvolles Verhältnis zu seinem Menschen und erkennt er ihn als übergeordneten Partner an, zeigt er dies durch entsprechende Signale.

Kontaktaufnahme: Beim Begrüßen zum Beispiel

> *Geduckte Körperhaltung, eingezogener Schwanz – dieser Hund hat Angst.*

wedelt der Hund so stark und breit, dass oft die ganze Hüfte mitschwingt, der Schwanz ist dabei waagerecht oder leicht nach unten gerichtet. Er

nimmt den Kopf etwas nach unten und vermeidet so direkten Blickkontakt, die Ohren sind zurückgelegt. Sehr unterwürfige Hunde wedeln ziemlich weit unten und senken dabei das Hinterteil oder legen sich sogar auf den Rücken. Ebenso wie Artgenossen gegenüber versuchen unterwürfige Hunde auch beim Mensch, die Mundwinkel zu lecken oder sie mit der Schnauze anzustoßen (→ Foto Seite 49). Deshalb springen viele Hunde gern an Menschen hoch. Auch das Lecken und Beknabbern (»Flöhen«) z. B. der Hände gehört zu dieser Art der Kontaktaufnahme.

Kontaktliegen: Ein vierbeiniger »Schmusetyp«, der Körperkontakt liebt, wird dabei meist bemüht sein, den Kopf von seinem »Boss« abzuwenden. Beispielsweise liegt meine Hündin beim Kontaktliegen stets so, dass ihr Kopf nie zu nahe an meinem Gesicht ist. Mit meinem Sohn, ihrem »Kumpel« hingegen, liegt sie gern Wange an Wange.

Beschwichtigungsgesten: Eine eindeutige Geste der Beschwichtigung ist das »Pföteln« – das deutliche Heben einer Vorderpfote. Unterwürfige Hunde machen das beispielsweise manchmal, wenn sie getadelt werden.

> **TIPP**
>
> ### Aufreiten
>
> Das Aufreiten zeigt der Rüde, wenn er eine Hündin deckt. Rüden mit übersteigertem Fortpflanzungsinstinkt reiten oft grundsätzlich bei jeder Hündin auf. Ansonsten hat dieses Verhalten häufig nichts mit Fortpflanzung zu tun, sondern ist eine Dominanzgeste. Deshalb zeigen Hunde dieses Verhalten auch unabhängig vom Geschlecht. Man kann es sogar schon bei selbstbewussten Welpen beobachten. Das Aufreiten am Bein des Menschen ist ebenfalls in den meisten Fällen eine Dominanzgeste (→ Seiten 53 und 56) und sollte in jedem Fall unterbunden werden.

Wie Hunde mit uns sprechen
VERTRAUEN UND ANGST

Welpen und Junghunde geben manchmal bei der Begrüßung zur Beschwichtigung etwas Urin ab. Dieses Verhalten verliert sich jedoch, wenn der Hund älter wird. Der Übergang von Unterwürfigkeit zu Unsicherheit ist fließend. Je stärker beim Vierbeiner Beschwichtigungs- und Unterwürfigkeitsverhalten ausgeprägt sind, umso stärker tendiert er zu Unsicherheit.

Ängstliches Verhalten

Manche Hunde haben regelrecht Angst vor Menschen. Sie haben entweder schlechte Erfahrungen gemacht, haben keinen bis wenig Kontakt zu Menschen oder auch aus einer angeborenen Veranlagung heraus. Ein solcher Hund meidet den Kontakt zu Menschen mehr oder weniger. Die Körperhaltung ist sehr geduckt, der Schwanz eingezogen und es kann sein, dass er aus Angst droht. Vorsicht! – fühlt sich ein solcher Vierbeiner in die Enge getrieben, kann er leicht unvermittelt zubeißen!
Die Haltung von Hunden, die Menschen oder ihrer Umwelt gegenüber wenig Zutrauen haben, bereitet oft Probleme. Je nach Ursache lässt sich durch gezieltes Training, unter kompetenter Anleitung (beispielsweise eines verhaltenskundlich ausgebildeten Tierarztes) manchmal noch einiges verbessern. In leichteren Fällen kann einem solchen Hund auch ein souveräner Rudelführer helfen, der ihm durch sein Verhalten Sicherheit und Geborgenheit vermittelt. Den Vierbeiner aus Mitleid zu verhätscheln verschlimmert jedoch die Angst, da er dadurch unbewusst dafür belohnt wird.

> Angelegte Ohren, erhobene Pfote, Blinzeln – voller Freude und unterwürfig wird Frauchen begrüßt.

Deutliche Aufforderungen

Hunde verstehen es sehr gut, ihren Menschen zu manipulieren. Auffordernde Gesten mit »herzerweichenden« Blicken und schon »gehorcht« der Zweibeiner. Da Hunde am eigenen Erfolg lernen, haben sie schnell raus, wie sehr sie sich ins Zeug legen müssen, um ihr Ziel zu erreichen. Im Rudel ist es jedoch der »Boss«, der andere zu etwas auffordert.

Dominanter Hund?
Zweifellos gibt es Hunde, denen man schon im Welpenalter ihre Willensstärke und ihr Selbstbewusstsein anmerkt. Ein solcher Vierbeiner stellt in seiner Erziehung von Anfang an relativ hohe Ansprüche an die Konsequenz und das Durchhaltevermögen seines Besitzers. Aber auch Hunde, die eigentlich einfach zu führen wären, können sich in der »Rangordnung« nach oben arbeiten, falls es ihnen von ihren Menschen, meist ungewollt, ermöglicht wird. Steht der Hund im Mittelpunkt und sind »seine« Menschen stets bemüht, ihm jeden Wunsch von den Augen abzulesen, geben sie ihm auf Hundeart zu verstehen, dass sie sich ihm unterordnen. Wer kann es dem Vierbeiner da verdenken, wenn er das Angebot nutzt und die Stelle des Rudelführers übernimmt? Denn aus Dankbarkeit für die Fürsorge seines Menschen besonders »brav« zu sein und gut zu gehorchen ist dem Instinkt des Hundes fremd.

Ich will etwas von dir!
Um etwas von Ihnen zu fordern, setzt der Hund sowohl seine Körpersprache, wie auch seine Stimme ein.
Ich will spielen! Möchte er spielen, wird Ihr Vierbeiner mit seinem Spielzeug erwartungsvoll wedelnd vor Ihnen stehen. Manche Hunde legen einem das Spielzeug immer wieder vor die Füße. Manche bellen auch oder zwicken

> Dieser Hund hatte wohl mit dem Betteln schon häufiger Erfolg! Füttern Sie den Hund deshalb von Anfang an nicht vom Tisch.

Wie Hunde mit uns sprechen
DEUTLICHE AUFFORDERUNGEN

> Auf Spielaufforderungen des Vierbeiners sollten Sie nicht immer eingehen. Fordern Sie ihn Ihrerseits auf, wann Sie wollen.

ihren Zweibeiner beispielsweise in die Hose.

Ich will gestreichelt werden! Möchte der Hund gestreichelt werden, stupst er seinen Menschen mit der Schnauze an oder schiebt seinen Kopf unter dessen Arm. Vielleicht gerade dann, wenn man sich beim Kaffeekränzchen unterhält und die volle Tasse in der Hand hat!

Ich will das haben! Eine Aufforderungsgeste ist auch das Auflegen der Pfote, wenn Ihr Vierbeiner z. B. gerne Ihre Frühstückssemmel hätte.

Ich will spazieren gehen! Wenn die Zeit des Spaziergangs naht, erinnern manche Hunde ihre Besitzer sehr lautstark und durch übermütiges Umherspringen daran, sich doch endlich für draußen fertig zu machen.

Ich will da rein! Will der Vierbeiner in ein anderes Zimmer oder in den Garten zeigt er das auf verschiedene Art. Manche Hunde stehen einfach nur vor der Türe, andere springen hoch oder kratzen sogar daran.

Ich habe Hunger! Auch bohrende, ausdauernde Blicke setzen Hunde gern ein. Etwa wenn die Fütterungszeit naht. Da fühlt sich so mancher Besitzer geradezu hypnotisiert.

Forderungen ignorieren

Wie schon erwähnt, sollten Sie meist der agierende Teil sein und Forderungen des Hundes auch ignorieren. Das heißt, weder etwas zu sagen noch den Hund anzusehen und so lange durchzuhalten, bis der Hund sein Verhalten einstellt. Ansonsten erreicht man das Gegenteil. Angenommen er bettelt ruhig sitzend am Tisch (→ Seite 45). Irgendwann bekommt er dann etwas, damit er, aus menschlicher Sicht, Ruhe gibt. Der Hund lernt dadurch aber, dass er sein Ziel erreicht, wenn er ausdauernd genug ist. Beim nächsten Mal unterstreicht er seine Forderung vielleicht noch durch Bellen, um seinen Happen schneller zu ergattern.

TIPP

Sauberkeitsprobleme

▶ Wird ein Hund plötzlich unsauber, sollte man zunächst abklären, ob er krank ist. Aber auch eine Futterumstellung, deutliche Veränderungen im Tagesablauf oder Veränderungen bzw. Probleme innerhalb des »Rudels«, also der Familie, können bei sensiblen Hunden mögliche Ursachen sein.

▶ Verliert der Hund bei der Begrüßung Urin, dient das der Beschwichtigung und darf nicht negativ beeinflusst werden. Am besten man begrüßt den Hund nicht überschwänglich, sondern nur kurz und ruhig.

Probleme erkennen und vermeiden

Richtig erziehen von Anfang an

Soll das Zusammenleben von Mensch und Hund möglichst ungetrübt verlaufen, beugt man Problemen am besten von klein an vor. Schon der Welpe muss lernen, sich bürsten und überall anfassen zu lassen. Sträubt er sich, machen Sie beständig weiter, bis er nachgibt. Erst dann hören Sie auf. Der Welpe darf seinen Menschen niemals anknurren. Auch im Spiel sind Körperteile und Kleidung des Menschen für die Hundezähne tabu. Geben Sie das in solchen Situationen dem Hundekind durch ein »geknurrtes« Nein!, den (ausreichend lang dauernden) Griff über die Schnauze oder, je nach Situation durch sofortigen Spielabbruch deutlich zu verstehen. Auch muss schon der Welpe lernen, dass er nichts verteidigen darf: Will er seinen Kauknochen oder Spielzeug nicht hergeben, geben Sie ihm im Austausch etwas anderes.
Leckerchen, Spiele oder Streicheleinheiten sollte sich der Vierbeiner stets durch das vorherige Befolgen eines oder mehrerer Kommandos »erarbeiten« müssen. Und immer bestimmt der Zweibeiner Anfang und Ende von Spiel, Training, Körperkontakt und anderen Aktionen.

> Kratzen sich Vierbeiner, ist dies häufig ein Zeichen für Stress oder Konflikt.

CHECKLISTE

Konfliktsignale

Stress, Konflikte und Überforderung zeigt der Hund durch bestimmte Signale.

- ✔ **Hecheln:** Einerseits Körperwärmeregulierung (auch bei Fieber), aber auch ein Zeichen von Stress. Beispiel: Hund ist in der Stadt unsicher. Geht zwar ruhig neben seinem Besitzer, hechelt aber deutlich.
- ✔ **Gähnen:** Zeichen von Müdigkeit, häufiger eines Konflikts (→ Foto Seite 31). Beispiel: Hund wird von Spielkameraden weggerufen, sitzt neben Mensch und gähnt – würde lieber spielen, weiß aber, dass er gehorchen muss.
- ✔ **Sich-Kratzen:** Zeichen von Juckreiz, häufig eines Konflikts (→ Foto links). Beispiel: Mensch ist bei Begleithundeprüfung sehr nervös, Hund merkt das, bleibt während der Prüfung immer wieder stehen und kratzt sich.
- ✔ **Lecken/»züngeln«:** Hund leckt sich vorderen Schnauzenbereich (→ Foto Seite 31). Beispiel: Er soll an einer Stelle sitzen bleiben, Mensch geht weg. Ist die Zeit zu lang oder die Distanz zu groß, möchte der Hund seinem Menschen folgen, darf aber nicht. Hund leckt sich, bevor er letztlich evtl. aufsteht. Übung vereinfachen.

Wie Hunde mit uns sprechen
PROBLEME ERKENNEN UND VERMEIDEN

> 1 Spielen nur unter Aufsicht
Achten Sie darauf, dass Kinder und Hunde niemals ohne Aufsichtsperson spielen. Erlauben Sie ihren Kindern nur dann Ziehspiele mit Hunden zu machen, wenn sie dem Vierbeiner in jedem Fall kräftemäßig überlegen sind. Eigene wie fremde Kinder sollten nicht ohne einen Erwachsenen mit einem Hund spazieren gehen.

> 2 Achtung – bissiger Hund!
Reagiert ein Hund so auf Menschen, wird er zur Gefahr. Sein Halter sollte so schnell wie möglich kompetente Hilfe suchen. Ein solcher Vierbeiner sollte unterwegs und eventuell auch zu Hause stets einen Maulkorb tragen und draußen immer angeleint werden. Nicht selten kann auch eine Trennung von diesem Hund nötig sein.

Schieflagen erkennen

Hunde sind wehrhafte Tiere und Probleme in der Rangordnung können durchaus gefährlich werden. Deshalb ist es wichtig, eventuelle Anzeichen rechtzeitig zu erkennen. Hunde, die sich ranghoch fühlen, verhalten sich häufig sehr eigenständig. Sie ignorieren Kommandos ihres Besitzers, fordern aber ihrerseits nicht selten relativ intensiv und aufdringlich, wenn sie etwas wollen. Sie »besetzen« Sofa oder Bett und liegen gern an Stellen, an denen jedes Familienmitglied vorbei muss, wie Treppenaufgänge oder Eingangsbereiche.

Im »fortgeschrittenen« Stadium wird der Vierbeiner dann auch knurren, um rangniedrige Zweibeiner von diesen Bereichen fernzuhalten. Spätestens jetzt haben Sie ein ernstes Problem. Richtet sich der Hund am Menschen auf oder legt ihm den Kopf auf und hält dabei direkten Blickkontakt, sind das ebenfalls dominante Gesten. Sie können durch Drohsignale noch verstärkt werden. Auch das Aufreiten z. B. am Bein (→ Seite 48 und 56) sowie das Markieren von Familienmitgliedern sind Signale falscher Rangverhältnisse.

In leichteren Fällen lässt sich einiges verbessern, indem Sie sich bewusst und konsequent »ranghoch« (→ Checkliste Seite 43) verhalten. Warnt der Hund aber deutlich, brauchen Sie baldmöglichst kompetente Hilfe.

Überlegt reagieren

Zum Glück verläuft das Zusammenleben mit Hunden meist ohne große Probleme. Es kann aber in bestimmten

53

Fällen zu problematischen Situationen kommen.
Ein fremder Hund: Dass man von einem fremden Hund bedroht wird, ist zwar selten, kann aber z. B. passieren, wenn man sein Territorium betritt. Laufen Sie nicht weg, das würde ihn erst recht zur Verfolgung animieren. Bleiben Sie ruhig stehen und wenden Sie den Blick ab. Behalten Sie den Hund jedoch unauffällig im Auge. Wendet sich der Hund ab, gehen auch Sie ruhig weg. Übrigens, das Sprichwort »Hunde, die bellen, beißen nicht« trifft in solchen Situationen nicht zu.
Probleme mit dem eigenen Hund: Es kann passieren, dass Ihr Hund Sie oder andere Menschen bedroht. Mögliche Ursachen können Angst, falsche Rangordnung oder Wach- und Schutzinstinkt sein. Sofern Sie nicht sehr viel Hundeerfahrung haben, sollten Sie in solchen Situationen den Hund weder provozieren noch körperlich bestrafen, auch nicht anschreien oder beruhigen. Er könnte sonst Sie angreifen bzw. würde ihn das vermeintliche Beruhigen in Wirklichkeit bestärken. Unterbrechen Sie das Geschehen je nach Situation durch Ignorieren oder indem Sie die Aufmerksamkeit des Hundes auf etwas anderes lenken. Hier ein paar Beispiele:

▶ Besonders Hunde, die aus Angst aggressiv sind, können sich unberechenbar verhalten.
▶ Bedroht Ihr Vierbeiner z. B. einen Spaziergänger oder Jogger, bringen Sie den Hund kommentarlos weg. Leinen Sie ihn in Zukunft rechtzeitig an und lenken Sie seine Aufmerksamkeit z. B. mit einem Leckerchen auf Sie.
▶ Bedroht Ihr Vierbeiner Sie selbst oder ein Familienmitglied, ist häufig eine falsche Rangordnung der Grund (→ Seite 53). Verteidigt er z. B. knurrend das Sofa, sollten Sie ohne Hundeerfahrung den Hund ignorieren und weggehen. Sie können ihm in Zukunft generell eine längere Leine anlegen und ihn so ohne direkten Kontakt und aus einiger Entfernung vom Sofa herunterziehen. Oder Sie vermeiden die Situation, indem Sie Gegenstände auf das Sofa legen und so eine Benutzung unmöglich machen.
▶ Besonders ernst wird es, wenn Ihr Hund ein kleines Kind bedroht, weil er z. B. seinen Kauknochen oder seinen Platz verteidigt. Unterbrechen Sie die Situation durch ein lautes Geräusch und rufen Sie Ihren Hund. Nach einem solchen Zwischenfall sollte der Hund mit Kindern, wenn überhaupt, nur noch mit Maulkorb in Kontakt kommen. Lassen Sie Kind und Vierbeiner niemals allein!
Wichtig: Diese Reaktionen sind »Sofortmaßnahmen«. Suchen Sie auf jeden Fall baldmöglichst kompetente Hilfe z. B. über Ihren Tierarzt.

▶ Ob defensives oder offensives Drohen – immer eine deutliche Warnung!

Wie Hunde mit uns sprechen
PROBLEME ERKENNEN UND VERMEIDEN

Kommunikations-Pannen

Situation	Ziel	Reaktion und Effekt	Richtige Reaktion
Hund fürchtet sich z. B. vor flatternder Folie.	Hund soll keine Angst haben.	Hund wird beruhigend, gestreichelt und getröstet. **Effekt:** Seine Angst wird belohnt und so verstärkt.	Entspannt bleiben, Hund motivieren, mit Besitzer das Objekt zu erkunden.
Hund bellt sehr aufgeregt, wenn es an der Türe läutet.	Hund soll weniger bellen.	Mensch beeilt sich, um rasch an der Tür zu sein und ermahnt Hund womöglich noch ärgerlich. **Effekt:** Signalisiert dem Hund, dass etwas sehr Aufregendes los ist. Der Wachinstinkt wird so noch bestärkt.	Entspannt und ruhig zur Türe gehen, Hund beibringen auf Kommando das Bellen einzustellen (mit Belohnung fürs Ruhigsein). Evtl. jemanden in Abständen immer wieder klingeln lassen, selbst ruhig sitzen bleiben und nicht reagieren. Evtl. Klingelton auswechseln.
Hund reagiert an der Leine anderen Hunden gegenüber aggressiv.	Hund soll Artgenossen ignorieren.	Die Leine wird straff genommen, Besitzer bleibt stehen und »beruhigt« knurrenden Hund durch Streicheln. **Effekt:** Stramme Leine versetzt Hund in »Alarmstimmung«, Streicheln belohnt sein Verhalten.	Hund über Kopfhalfter (»Halti«) führen, Hund rechtzeitig z. B. mit Leckerchen ablenken und am anderen Hund zügig vorbeigehen.
Hund wird gerufen, kommt erst nach mehrmaligem Kommando.	Hund soll sofort kommen.	Kommt der Hund endlich, wird er für das zu späte Kommen bestraft. **Effekt:** Strafe wird mit dem Ankommen beim Besitzer verknüpft. Hund kommt in Zukunft noch zögerlicher.	Hund mit spannender Stimme locken und weglaufen, Kommando an langer Leine und/oder mit hungrigem Hund und Futter systematisch trainieren.
Hund gerät bei Vorbereitung zum Spaziergang völlig aus dem Häuschen.	Verhalten sollte weniger »chaotisch« sein.	Mensch versucht mit Hund rasch das Haus zu verlassen. **Effekt:** Signalisiert dem Hund, je mehr Aktion, umso schneller kommt er hinaus.	Komplett angezogen im Haus bleiben und Hund ignorieren. Sobald er sich ruhig verhält, kann man nach draußen gehen.

Fragen rund um den Umgang mit Hunden

❓ Mein Rüde Hajo klammert sich immer wieder an meinem Bein fest. Was kann ich tun?

Dieses Aufreiten ist in den meisten Fällen ein Dominanzverhalten und ein Zeichen dafür, dass etwas in der Rangordnung nicht stimmt. Nehmen Sie den Hund mit einem strengen »Nein« von Ihrem Bein (oder dem Bein einer anderen Person) weg und lassen Sie ihn ein paar Gehorsamsübungen (Sitz, Platz) absolvieren. Loben Sie ihn, wenn er das richtig macht. Hilft das nicht, verschaffen Sie dem Hund eine »Auszeit« von einigen Minuten z. B. in einer Hundebox oder einem anderen Raum.

❓ Wenn mein Hund Zeichen von Stress zeigt, wie kann ich darauf reagieren?

Zeigt Ihr Hund beim Training häufig Konflikt- oder Stresssignale, können diese sich durch zunehmende Gewöhnung an die Situation von selbst legen. Es kann, je nach Grund für dieses Verhalten, auch helfen, ruhiger mit dem Hund umzugehen. Die Überforderung des Tieres im Training kann eine weitere Ursache für sein Konflikt- und Stressverhalten sein. Dann hilft es, die Übungen wieder zu vereinfachen und langsamer vorzugehen. Stressen den Hund Alltagssituationen, versucht man, ihn systematisch daran zu gewöhnen. Am besten mit kompetenter Hilfe.

❓ Mein Welpe wurde gebissen und hat jetzt Angst vor anderen Hunden. Was kann ich tun?

Alles was der Hund bis zur etwa 16. Lebenswoche erlebt, prägt sich ihm besonders nachhaltig ein. Deshalb ist ein solch negatives Erlebnis sehr ungünstig. Wichtig ist, den Welpen sobald wie möglich wieder mit Hunden zusammen zu bringen, deren Sozialverhalten in Ordnung ist. Da sich der Hund auch optisch orientiert, ist es wichtig, den Welpen mit Artgenossen zu konfrontieren, die dem äh-

▸ *Wichtig für Welpen: Möglichst viel positiver Kontakt zu verschiedenen Artgenossen.*

Wie Hunde mit uns sprechen
FRAGEN RUND UM DEN UMGANG MIT HUNDEN

neln, der ihn gebissen hat. Zeigt er verträglichen Hunden gegenüber Angst, »trösten« Sie ihn nicht. Sie würden sonst seine Angst bestärken.

? Was muss man beachten, wenn ein Baby ins Haus kommt?
Die Rangordnung Mensch-Hund muss klar sein. Sollen im Zusammenhang mit dem Baby für den Hund neue Regeln gelten, führen Sie diese schon vorher ein. Ist das Baby da, bestimmen Sie, wann der Hund Kontakt zum Baby aufnehmen darf. Damit er es mit etwas Positivem verknüpft, sollten Sie sich bewusst auch in Gegenwart des Kindes mit dem Hund beschäftigen. Etwa ihn bei Ausfahrten mit dem Kinderwagen mitnehmen, spielen und füttern. Wichtig: Lassen Sie Ihren Hund mit dem Baby nie allein!

? Mein Rüde Dingo gräbt unseren Garten um, macht gerne etwas kaputt, bellt Spaziergänger am Zaun an und streunt oft. Was kann ich dagegen tun?
Solche und ähnliche Verhaltensweisen können Anzeichen für mangelnde Auslastung Ihres Hundes sein. Besonders Rassen, die für bestimmte Aufgaben gezüchtet wurden, etwa zum Hüten, zum Schlittenziehen oder für die Arbeit an langen Jagdtagen sind mit dem Dasein als reiner Familienhund nicht ausgelastet. Sie brauchen mehr und gezielte Beschäftigung, um ihre Ausdauer und Arbeitsenergie abzuarbeiten. Bewegung alleine genügt oft nicht. Achten Sie außerdem darauf, dass Ihr Hund nicht oft und lange alleine im Garten ist. Wird ihm langweilig, sind vorbeigehende Passanten willkommene »Opfer«, um Energie los zu werden.

? Mein Romeo gräbt immer wieder meine Blumenzwiebeln aus. Besonders dann, wenn er kurz unbeaufsichtigt im Garten ist. Was kann ich tun?
Verhindern Sie, dass Ihr Hund immer wieder ein Erfolgserlebnis hat. Es ist ratsam, wertvolle Pflanzen, Beete oder den Gartenteich mindestens eine Saison lang einzuzäunen. So vermeiden Sie, dass der Hund sich nur dann an dieses Verbot hält, wenn Sie dabei sind. Dieses Prinzip gilt auch für viele andere Situationen.

MEINE TIPPS FÜR SIE

Katharina Schlegl-Kofler

Schwanzwedeln
Bedeutet zunächst Aufregung, nicht automatisch Freundlichkeit.

▶ Wedeln mit kurzen Ausschlägen, Schwanz erhoben: Warnung, falls er knurrt oder starren Blickkontakt aufnimmt, z. B. beim Bewachen eines Gegenstandes – Teil des Imponiergehabes bei Begegnung zweier Hunde.

▶ Wedeln mit ganz tiefem Schwanz: Sehr unterwürfiger oder schon leicht unsicherer Hund bei der Begrüßung.

▶ Ausladendes Wedeln: Freundlichkeit, im Spiel oder bei der Begrüßung, Hund signalisiert »ich fühle mich wohl«, Hund erkennt den »Angewedelten« als ranghöher an.

▶ Langsames Wedeln, Schwanz waagerecht oder leicht nach unten: unsichere, abwartende Haltung.

▶ Wichtig: Wedeln mit übriger Körpersprache und rassetypischer Schwanzhaltung zusammen deuten.

Halbfett gesetzte Seitenzahlen verweisen auf Abbildungen, U = Umschlagseite.

A
Aggression 54, 55
–, defensive 20
–, offensive 20
Alaskan Malamute 16
Angst 10, **10**, 18, 20, 48, **48**, 49, 54, 55, 56, U3
Anspringen 44
Artgenossen
–, Kontakt zu 23, 56
Aufforderungen 50, 51, **51**
Aufmerksamkeit 19, **19**, 20, 44
Aufreiten 48, 53, 56
Augen 19, 20
Auslastung, rassespezifische 13, 57
Auslastung, mangelnde 57

B
Baby und Hund 57
Basset Hound 9, **9**
Beagle 23
Bearded Collie 30, **30**
Begrüßung 26, **26**, 27, **27**, 48, **49**, 51, 57
Bei-Fuß-Laufen **36**, 37
Beknabbern 48
Bellen 24, 27, 33
Belohnen 52
Berner Sennenhund **40**
Berührungen
– unter Hunden 26
– des Menschen 27, 36–39
Beschäftigung 13, 21, 43, 57
Beschwichtigungsgesten 48, 49, 51
Betteln **39**, 45, 51
Beuteinstinkt 13, 30, **30**
Beutestreitigkeiten 30
Bindung stärken 65
Blinzeln 19
Botschaften, duftende 28
Briard 11, **11**
Bürsten 39

C
Chesapeake Bay Retriever 30

D
Dalmatiner 28, **31**, 36, 39, 43, 64
Deerhound 31, **31**
Deutsche Dogge **6**
Deutscher Boxer 23
Deutscher Schäferhund 16
Dominanz 17, 50
–, leichte 16, **16**
Dominanzgeste 48
Drohen 16–21, 25, 54, 55
Drohen, ängstliches 19, **19**
Drohen, offensives **18**, 19, **19**
Drohsignale 16–21, 53, **53**, 54, **54**
Duftbotschaften 6, 7, **7**, 8, **8**, 13, 28, **28**, **29**, 32
Duftdrüsen 28
Duftmarke 12, 37, **39**
Duftstoffe 13

E
Eigengeruch **8**, 12
Eigenschaften –, rassespezifische 10, **10**, 11, **11**
English Bulldogg 11, **11**
Erziehung 25, 31, **31**, 38, 39, 42–45, **42**, **43**, 44, 50, **50**, 51–53, 55, U3
Erziehungsregeln 41
Eurasier 23

F
Fährte 7
Fell 22
Fellknabbern 26
»Flöhen« 48
Fütterungszeitpunkt 42, 43, 51

G
Gähnen 31, **31**, 52
Gehör 7, 8
Gehorsamstraining U3
Gehorsamsübungen 36, **36**, 43, **43**
Geruchssinn 6–8, 12, 13, 28
Geschmackssinn 9
Geschlechtsreife 28

G (cont.)
Gesichtsausdruck 16, 18, **18**, 20, 23
Gestik 64
Golden Retriever **17**, **45**
Greyhound 10, **10**
Grunzen 26

H
Haltung
–, aufmerksame 20
–, entspannte 16, **16**, 20
Hecheln 18, 52
Heulen **24**, 25, 27
Hochspringen am Menschen 48
Hund
– und Baby 57
– und Kind **38**, 54, U3
–, aggressiver 54, 55
–, ängstlicher **48**, 48, 49, 54–56
–, dominanter 50, 51, 53, 54, 56
–, drohender 53–55
–, fremder 33, **36**, 37, 54
Hundebegegnung 25, 33, 55, 57
Hündin, läufige 12, 28

I
Ignorieren 51
Imponiergehabe 33, 57

J
Jack Russell Terrier 1, 11, **11**, 35
Jagdgebrauchshund **12**
Jagdinstinkt 13
Jaulen 25, 27

K
Kind
– und Hund **38**, **40**, **53**, 53, 54, U3
Knurren 24, 27
Kommunikation
–, eingeschränkte 9, 10, **10**, 11, **11**, 22, **22**, 23
Kommunikations-Pannen 55
Komondor 22, **22**
Konflikt 52, **52**, 56
Konfliktsignal 31, **31**, 52, 53, 54, 56
Kontaktliegen **32**, 39, 43, 45, 48

58

Anhang
REGISTER

Körperhaltung 16–18, 20
Körpersprache **6**, 16–20, **19**, 32, 50, 51
– des Menschen 36, 37, **37**, 38, **41**, U3
Kot fressen 12
Kromfohrländer 7

L
Labrador Retriever **37, 42, 50, 51**
Läufigkeit 28
»Lachen« 20
Laute im Schlaf 26
Lautsprache 23, 24–27, **24**, 32, 33
Lautstärke 41
Lecken **31**, 48, 52
Lefzen 9, 23
Lernprogramm 26
Loben 38

M
Markieren 12, 28, 29, **29**, 32, 53
Mimik **9**, 10, **10**, 11, **11**, 16, **16**, 18, 20
– des Menschen 38, 64
Mops 8, **8**, 23
Mundwinkel **16**, 18, **19**, 20

N
Namen lernen 40

O
Ohren 18, 20, 23
–, Hänge- 8, **9**
–, Schlapp- 16
–, Steh- 11, **11**, 20, 23,

P
Pekingese 8, 23
Pfoteauflegen 51
»Pföteln« 48

R
Rangordnung 25, 26, 33, 42, **42**, 43, **43**, 50, 52–54, 56, 57
Raufereien vermeiden 33
– beenden 7
Rhodesian Ridgeback 11, **11**, 22
Riechvermögen 7, 12
Riechschleimhaut 6
Rottweiler **53, 54**

Rot-Weißer Irish Setter **48**
Rudeltier 6

S
Sauberkeitsprobleme 51
Scharren 29, **29**
Schlappohren 16, **16**, 23
»Schlechtes Gewissen« 44
Schnauben 25
Schnauze 23
Schnauzgriff **14/15**, 21, 38, 52, U3
Schutzinstinkt **12**, 54
Schwanz 10, **10**, 19, 20, 23, 57
Schwanzwedeln 57
Schweizer Weißer Schäferhund **14/15, 24, 31, 41, 49**
Sehvermögen 8
Seufzen 25
Shar Pei 10, **10**
Siberian Husky 4/5, 11, **11, 18, 27**
Sich Kratzen **53**, 52, **52**, 53
Signale
–, bedrohliche 45
–, richtungsweisende 38
Sinne 6–9, 12, 13
Sozialverhalten 31, **31**
Spielaufforderung **3**, 21, 24, **46/47**, 51
Spielvarianten 21
Spielen 20, 26
–, rau 21, **21**, 30, **30**, 31, **31, 38**
–, regelmäßiges U3
Stimme richtig einsetzen 40, 41, 45, 64, U3
Streicheln 38, 39
Streit 17
Stress 18, 20, 25, 31, **31**, 52, **52**, 55, 56

T
Tadel 38
Tastsinn 8, 9
Tonfall 40, 41, 45, 64
Träumen 26

U
Überlegenheit 17
Umkreisen 33
Unsicherheit 10, **10, 18**, 20, 31, **31**, 48, 57
Unterschiede, rassebedingte 8, 10, **10**, 11, **11**, 16, 22, **22**, 23,
Unterwerfung
–, aktive 17, **27**
–, passive 18, 19
Unterwürfigkeit 16, **16**, 19, **19**, 20, 31, **31**, 48, 49, **49**, 57

V
Verhalten
–, des Hundes
  lenken 42, 44, 45
–, unerwünschtes 38, 44, 45, 51–57
Verständigung, einge-
  schränkte **9**, 10, **10**, 11, **11**, 22
Vertrauen 26, 48

W
Wachinstinkt 24, 54, 55, 64
Wälzen 12
Weimaraner 12, **12**
Welpe **26**
–, ängstlicher 56
Welpen-Erziehung 52, 56, **56**
Welpengruppe 32, U3
Welpenspieltage 23, 32, 64
West Highland White
  Terrier 29, **29**
Winseln 12, 25, 27
Wohlbefinden 20

Z
Zähne klappern 12
Ziehspiel **U2/1, 53,** 53
Züngeln **31**, 52
Zusammengehörig-
  keitsgefühl 26, **27, 32**
Zwei Hunde 33
Zwergschnauzer **38**
»Züngeln« 52

59

Adressen
Verbände/Vereine
▶ Fédération Cynologique Internationale (FCI), Place Albert 1er, 13, B-6530 Thuin, www.fci.be
▶ Verband für das Deutsche Hundewesen e.V. (VDH), PF 104154, D-44041 Dortmund, www.vdh.de
▶ Österreichischer Kynologenverband (ÖKV), Siegfried Marcus-Strasse 7, A-2362 Biedermannsdorf, www.oekv.at
▶ Schweizerische Kynologische Gesellschaft (SKG/SCS), PF 8276, CH-3001Bern, www.hundeweb.org
Anschriften von Hundeclubs und -vereinen können Sie bei den vorgenannten Verbänden erfragen.

Hunde im Internet
Viel Wissenswertes rund um Hunde, wie Gesundheit, Ernährung, Urlaub, Rassen und Hundeschulen, bieten:
▶ www.hunde.com
▶ www.hundewelt.de
▶ www.mypetstop.com
▶ www.hund.ch

Informationen über giftige Pflanzen erhalten Sie unter:
▶ www.vetpharm.unizh.ch/perldocs/toxsyqry.htm

Fragen zur Haltung beantworten
Ihr Zoofachhändler und der Zentralverband Zoologischer Fachbetriebe Deutschlands e.V. (ZZF), Tel. 06103/910732, (nur tel. Auskunft möglich: Mo 12-16 Uhr, Do 8-12 Uhr), www.zzf.de

Registrierung von Hunden
▶ TASSO-Haustierzentralregister e.V., Frankfurter Str. 20, D-65795 Hattersheim, Tel. 0 61 90/93 73 00, www.tiernotruf.org
▶ Internationale Zentrale Tierregistrierung (IFTA), Weiherstr. 8, D-88145 Maria Thann, Tel. 0 08 00/84 37 73-44 78 37 (kostenlos), www.tierregistrierung.de
Wer seinen Hund vor Tierfängern und dem Tod im Versuchslabor schützen will, kann ihn hier registrieren lassen.

Bücher
▶ Coren, Stanley: Die Geheimnisse der Hundesprache. Franckh-Kosmos Verlag, Stuttgart
▶ Schlegl-Kofler, K.: Hundeschule für jeden Tag. Gräfe und Unzer Verlag, München

Die Fotografen
Giel: 31 o.re., 36, 37, 39, 41, 42, 43, 48, 49, 50, 51; Juniors: (Brinkmann) 7, 11 o.re., (Cherek) 10 re., (Krämer) 11 u.li., (Schanz) 30 re., (Steimer) 64, U4 re., (Wegler) 4, 17, 24, 27, 28, 29, 46; Kuhn: 26, 40, 53 li., 56, U4 li.; Layer: 31 o.li., 54; Okapia: (Klein, Hubert) U4 mi., (Lenz) 23, (Steimer) 53 re.; Prawitz: 10 li., 22, 31 mi.re.; Reinhard 8, 11 u.mi., 12, 18, 31 u., 32; Schanz: U2/1, 2, 3, 9, 11 u.re., 34, 38, 44, 52; Silvestris online: (Lenz) 6, 11 o.li., 21; Steimer: 14, 30 li.; Wegler: U1.

AN UNSERE LESER

▶ Die vorgestellten Ratschläge beziehen sich in erster Linie auf normal entwickelte Hunde aus guter Zucht, d. h. auf gesunde, charakterlich einwandfreie Tiere.

▶ Auf Grund schlechter Erfahrungen mit Menschen können Hunde zu Verhaltensauffälligkeiten neigen. Diese Hunde sollten nur von erfahrenen Hundehaltern aufgenommen werden.

Anhang
ADRESSEN, AUTORIN, IMPRESSUM

Die Autorin
Katharina Schlegl-Kofler ist auf Grund ihrer langjährigen und intensiven Beschäftigung mit Hunden und durch den regelmäßigen Besuch von Seminaren zu den Themen Hundeerziehung, -ausbildung und Verhaltensforschung anerkannte Spezialistin in Sachen artgerechter Hundehaltung. Ihre Welpen- und Erziehungskurse für Hunde aller Rassen haben enormen Zulauf. Sie ist Autorin mehrerer erfolgreicher GU-Ratgeber über Hunde.

Impressum
© 2004 GRÄFE UND UNZER VERLAG GmbH, München. Alle Rechte vorbehalten. Nachdruck, auch auszugsweise, sowie Verbreitung durch Bild, Funk, Fernsehen und Internet, durch fotomechanische Wiedergabe, Tonträger und Datenverarbeitungssysteme jeder Art nur mit schriftlicher Genehmigung des Verlages.

Redaktion: Nicole Biermann
Lektorat: Sibylle Kolb
Zeichnungen: Marion Werner
Umschlaggestaltung und Layout: independent Medien-Design, München
Satz: Uhl + Massopust, Aalen
Produktion: Bettina Häfele
Repro: Fotolito Longo
Druck und Bindung: Kaufmann, Lahr
Printed in Germany

ISBN 3-7742-6412-0

Auflage	4.	3.	2.
Jahr	2007	06	05

Ein Unternehmen der
GANSKE VERLAGSGRUPPE

> **GU-Experten-Service**
> Haben Sie Fragen zu Haltung und Pflege? Dann schreiben Sie uns (bitte Adresse angeben). Unsere Expertin Katharina Schlegl-Kofler hilft Ihnen gern weiter. Unsere Adresse finden Sie rechts.

Das Original mit Garantie
Ihre Meinung ist uns wichtig. Deshalb möchten wir Ihre Kritik, gerne aber auch Ihr Lob erfahren. Um als führender Ratgeberverlag für Sie noch besser zu werden. Darum: Schreiben Sie uns! Wir freuen uns auf Ihre Post und wünschen Ihnen viel Spaß mit Ihrem GU-Ratgeber.

Unsere Garantie: Sollte ein GU-Ratgeber einmal einen Fehler enthalten, schicken Sie uns das Buch mit einem kleinen Hinweis und der Quittung innerhalb von sechs Monaten nach dem Kauf zurück. Wir tauschen Ihnen den GU-Ratgeber gegen einen anderen zum gleichen oder ähnlichen Thema um.

GRÄFE UND UNZER VERLAG
Redaktion Haus & Garten
Stichwort: Tierratgeber
Postfach 86 03 25
81630 München
Fax: 0 89/41 98 1-1 13
E-Mail:
leserservice@
graefe-und-unzer.de

Mein Hund

▶ **Name:** _____

So will er belohnt werden:	**Lieblingsspiele und -spielzeug:**
▶ _____ _____ _____	▶ _____ _____ _____
Beim Spaziergang unbedingt beachten:	**Das sind seine Eigenheiten:**
▶ _____ _____ _____	▶ _____ _____ _____
Besondere Kennzeichen:	**Das ist sein Tierarzt:**
▶ _____ _____ _____	▶ _____ _____ _____

GU TIERRATGEBER
damit es Ihrem Heimtier gut geht

ISBN 3-7742-5765-5
64 Seiten | € 7,90 [D]

ISBN 3-7742-3957-6
64 Seiten | € 7,90 [D]

ISBN 3-7742-5588-1
64 Seiten | € 7,90 [D]

ISBN 3-7742-5763-9
64 Seiten | € 7,90 [D]

ISBN 3-7742-3917-7
64 Seiten | € 7,90 [D]

Tierisch gut! Die Welt der Heimtiere entdecken und alles erfahren, was man schon immer über sie wissen wollte. So klappt das Miteinander von Anfang an – mit Wohlfühl-Garantie fürs Tier.

WEITERE LIEFERBARE TITEL BEI GU:

➤ **GU TIERRATGEBER:** Hunde, Mein Hund macht was er will, Mit dem Hund spielen und trainieren, Retriever, Sennenhunde und viele mehr

Willkommen im Leben.

Änderungen und Irrtum vorbehalten.

▶ **SPRACHE GEZIELT EINSETZEN**
Untereinander, aber auch mit dem Menschen verständigen sich Hunde »ohne Worte«. Setzen Sie daher Ihre Mimik, Gestik und Stimme dem Hund gegenüber ganz **bewusst** und auf die Situation **abgestimmt** ein.

Versteh-Garantie für die Hundespache

▶ **HUNDE RICHTIG VERSTEHEN**
»Hundesprache« hängt auch mit der **Rasse** zusammen. Bordercollies z. B. hüten alles, viele Retriever tragen meist etwas, manche Hunde mit starkem **Wachinstinkt** verteidigen sogar den Bereich um Ihren Tisch im Restaurant als ihr Revier.

▶ **RICHTIGES TIMING**
Gehen Sie besonders mit der Stimme gezielt um. Oft ist es notwendig, **innerhalb von Sekunden** von einem strengeren auf einen sehr lobenden Tonfall oder umgekehrt »umzuschalten«.

▶ **NACH HUNDEART SPRECHEN**
Der Hund denkt und handelt nicht wie ein Mensch. Er sieht aber in Ihnen eine Art Hund. Deshalb sollten Sie sein Verhalten **seiner A** **entsprechend deuten** und sich ihm auf Hundeart verständlich machen.